Englisch kochen

Für Elsa

Lisa Shoemaker

◆

Englisch kochen

Gerichte und ihre Geschichte

◆

Verlag Die Werkstatt · Edition d i á

Die Autorin

Lisa Shoemaker lebt als freie Autorin und Übersetzerin in Berlin und gibt Kochkurse für Jugendliche. Bei Gerstenberg veröffentlichte sie bereits »Let's Cook«, ein Kochbuch für Jugendliche.

Bibliografische Information der Deutschen Bibliothek
Die Deutsche Bibliothek verzeichnet diese Publikation in der Deutschen Nationalbibliografie; detaillierte bibliografische Daten sind im Internet über http://dnb.ddb.de abrufbar.

Lotzestraße 24a, D-37083 Göttingen
www.werkstatt-verlag.de
Dieses Buch erscheint in der Reihe
»Gerichte und ihre Geschichte«
der Edition diá (www.editiondia.de)

Titelfoto und Fotos im Innenteil:
dpa: S. 64d (oben), 128b (unten), 128c (oben)
digitalstock: S. 64a, 64b (oben), 64c (oben), 128b (oben), 128c (unten)
stockfood: S. 64d (unten), 128a
Alle übrigen Fotos sowie das Coverfoto stammen von Lisa Shoemaker.

Satz und Gestaltung: Verlag Die Werkstatt, Göttingen
Druck und Bindung: Westermann Druck, Zwickau

ISBN 978-3-89533-565-5

Inhalt

Einleitung

Ein englisches Kochbuch? Ein Kochbuch des schlechten Geschmacks? Über eine Küche, von der sich bereits Heinrich Heine wünschte, der Himmel möge jeden Christenmenschen vor ihren Saucen und Gemüsen bewahren? Auch Hercule Poirot, Agatha Christies belgischer Detektiv, schauderte bei dem Gedanken an zerkochtes englisches Gemüse.

Offensichtlich nicht zu Unrecht. Eliza Acton (1799–1859), eine populäre Kochbuchautorin, schrieb 1845: »Es ist bekannt, dass Gemüse, wenn sie nicht ordentlich gekocht werden, äußerst ungesund und unverdaulich sind, sodass der Brauch, sie knackig zu servieren, was in Wirklichkeit nur halb gekocht bedeutet, aufgegeben werden sollte, wenn man die Gesundheit wichtiger erachtet als die Mode.«

Von einem Dutzend kanadischer Indianer, die 1848 England bereisten, wird berichtet, dass nur drei diesen Besuch überlebten, der Rest sei an Lungenentzündung und englischer Kochkunst zugrunde gegangen.

1983. Entschlossen, nichts auf gängige Vorurteile über die englische Küche zu geben, besuchte ich einen gemütlich wirkenden Pub. Die Stimmung dort war ausgelassen. Man – es waren fast nur Männer da – war nett zu mir, dem Yankee-Mädel. Ich folgte der Empfehlung der freundlichen Bedienung und bestellte Hühnchen. Was serviert wurde, war ein gekochter Schenkel in labberiger Haut auf einem Bett von matschigem Reis, der sich wie ein Berg aus einem See dünner, roter Sauce erhob. Ich besuchte zwar weiterhin die Pubs zum Trinken, aß fortan aber nur noch bei Chinesen und Indern.

15 Jahre war ich mit einem Engländer liiert. Als ich Weihnachten 1990 die Insel besuchte, kam ich mit einer Tochter auf dem Arm – also als Familienmitglied und nicht mehr als Besu-

cherin. Das brachte mit sich, auch einkaufen zu gehen. Die Trostlosigkeit meines ersten Besuchs eines englischen Supermarktes wurde nur von meiner ersten Begehung eines HO-Marktes im Osten Deutschlands übertroffen. Allein eine schier endlose Tiefkühltruhe machte Eindruck auf mich. In ihr ruhten Erbsen in allen erdenklichen Erscheinungsformen: von Stecknadel- bis Murmelgröße, von Portionspackungen bis hin zu mehreren Kilos, mit und ohne Sauce, mit anderem Gemüse, wobei die Möhrchen dominierten, Möhrchen in Scheiben, in Blümchenform, gewellt, rund, oval oder länglich.

Aber selbst Heine attestierte dem Roastbeef und anderen Braten Qualität. Und es gibt doch auch *Scones* zum Tee, Sandwichs (wenn sie nicht gerade mit Gurke belegt sind), Pudding, *Fish 'n' Chips*, Marmelade (die sich noch so nennen darf, also aus Zitrusfrüchten), *Pork Pies* ... Doch schon beim englischen Frühstück und dem berühmten Plumpudding gehen die Meinungen, zumindest bei Nicht-Engländern, wieder auseinander.

1995, Yorkshire im Nordosten Englands. Hier lernte ich die Qualität britischen Fleisches frisch vom Metzger schätzen, auch wenn wir auf Rind verzichteten. Die Supermärkte sind etwas besser bestückt, nur Produkte aus ökologischem Anbau sind rar, und das selbst in Naturkostläden. Dort gibt es nur haltbare Ware, an frisches Öko-Obst und -Gemüse ist nicht zu denken.

1998, ein Besuch bei Freunden in Bath im wohlhabenden Südwesten Englands. Meine Freundin Jo setzte mich vor einem Supermarkt ab. Ich war überwältigt vor Neid: So ein fantastisches Sortiment hatte ich selten gesehen, es gab alles, in bester Qualität und aus Bioanbau. Jo erzählte, dass es seit Kurzem wieder den Farmers Market gäbe, eine Institution, die in England seit Jahren als ausgestorben galt.

In dieses Buch sind auch Rezepte aus Wales mit aufgenommen, da dort ähnliche geografische und klimatische Bedingungen wie in England herrschen (selbst wenn Nordwales schroffer ist). Und das historisch – auch wenn das nationalbewussten Walisern aufstoßen mag – eng mit England verbunden ist. Der letzte unabhängige walisische Herrscher wurde 1282 vernichtend geschlagen. Und seit 1536 gilt mit dem Act of Union englisches Recht auch in Wales (in Schottland 1707, Irland 1800). Die walisische Küche hat viele eigenständige Gerichte aufzuweisen und ist mehr als nur eine regionale Variante der englischen, andererseits gibt es viele Überschneidungen, sodass die beiden durchaus gemeinsam zwischen zwei Buchdeckeln Platz finden können.

Land und Leute

Die traditionellen 39 Grafschaften Englands existieren nach diversen Gebietsreformen im 19. Jahrhundert längst nicht mehr in ihrer alten Form als Verwaltungsgebiete. Ursprünglich hatten die Angelsachsen im Frühmittelalter sogenannte *shires* eingerichtet, die nach dem Hauptort der Region benannt wurden: zum Beispiel Derbyshire mit Derby oder Lancashire mit Lancaster. Manchmal braucht man allerdings Fantasie, um den Namen zu erkennen: etwa bei Shropshire mit Shrewsbury. Der *shire reeve* (Vogt), aus dem dann der Sheriff wurde, war ein vom König eingesetzter Beamter, der vor Ort nach dem Rechten sah. Manche Gebiete wie Somerset und Devon haben im Lauf der Zeit ihr Suffix verloren. Gebietsnamen ohne -shire werden auf andere Weise hergeleitet: Middlesex bedeutet Mittelsachsen, Sussex Südsachsen und Norfolk/Suffolk nördliches bzw. südliches Volk.

Als die Normannen nach 1066 *counties* (Grafschaften) einführten, blieben viele der alten Bezeichnungen – etwa Berkshire, Cheshire, Gloucestershire, Lincolnshire, Leicestershire und Yorkshire – erhalten und sind bis heute gebräuchlich.

Daneben existieren aber auch Bezeichnungen für Gebiete, die nichts mit Verwaltungseinheiten zu tun haben, dafür aber mit Landschaftsprägendem. Der Lake District im heutigen Cumbria (ehemals Cumberland und Westmoreland) im Nordwesten Englands ist ein Gebiet von wilder Schönheit mit hohen Bergen und Seen; Cotswolds eine liebliche, hügelige Region, die sich westlich von Oxford bis nach Gloucestershire erstreckt; der Peak District an den südlichen Ausläufern des Pennin-Gebirges ein weitgehend unbewohntes Hochmoorland, hauptsächlich auf dem Territorium von Derbyshire, eingebettet zwischen den Ballungsgebieten Sheffield (Yorkshire) und Manchester.

Die englische Landschaft ist durchzogen von Hecken und trockenen Steinmauern, die ohne Mörtel und Füllmaterial zum Teil schon vor Hunderten von Jahren aufgeschichtet wurden (Seite 35). Dahinter weiden Schafe, Kühe oder Schweine. Dennoch sind große Teile der englischen Landschaft Wanderern und Spaziergängern zugänglich, vorausgesetzt, sie richten keinen Schaden an und stören weder Bauern bei der Arbeit noch Jäger auf der Pirsch. Um Zäune, Hecken und Trockensteinmauern zu überwinden, gibt es *stiles* oder *kissing gates.* Bei Ersterem handelt es sich um eine stufen- oder leiterartige Vorrichtung zum Darüberklettern. Das *kissing gate* ist ein Tor, das von einem engen halbkreis- oder v-förmigen Zaun umgeben ist, sich nach beiden Seiten schieben lässt und dabei so viel Durchlass gewährt, dass nur eine Person durchpasst. Beide Einrichtungen verhindern, dass Tiere die Weide verlassen. Das Tor kam zu seinem Namen, weil derjenige, der es durchschritten hatte, aber noch im Halbkreis stand, gerne das Tor blockierte und es nur gegen einen Kuss räumte.

The West Country

The West Country – der Verwaltungsbezirk heißt offiziell South West England – umfasst die Grafschaften Cornwall und Devon, Somerset, Dorset, Wiltshire und Gloucestershire. In dieser Region lag einmal eines der sieben historischen Königreiche der Angelsachsen, Wessex. Aus ihm ging im neunten Jahrhundert nach dem Sieg über das Königreich Mercia (etwa auf dem Territorium der Midlands) das englische Königreich hervor. Der Name wurde seitdem nicht mehr gebraucht, bis der Schriftsteller Thomas Hardy im 19. Jahrhundert seine Romane in einer fiktiven Grafschaft Wessex spielen ließ.

Im wohlhabenden Südwesten Englands wird viel Milchwirtschaft und Obstanbau betrieben. Einige der bekanntesten Käse der Insel, Cheddar (aus Somerset) und Double Gloucester, kommen von hier, die Clotted Cream aus Cornwall und Devon wird zu *Scones* geschätzt, und die Äpfel und Birnen werden zu Most – Cider und Perry – verarbeitet.

Käse-Rollen

In den Cotswolds in Cooper's Hill (Gloucestershire) findet an jedem letzten Montag im Mai ein Käse-Festival statt. Höhepunkt des Festes ist das *Cheese Rolling,* bei dem Menschen in vier Rennen (eins davon das Ladies' Race) sieben- bis achtpfündige Gloucester-Käse über eine abschüssige Strecke von etwa 300 Metern vor sich hertreiben. Der Ursprung des Brauchs hat sich über die Jahrhunderte verloren, wahrscheinlich ging es um die Weiderechte auf den *commons* (Allmende). Während der Rationierung im und um den Zweiten Weltkrieg wurde der Käse durch einen Holzkäse ersetzt. 2001 fiel der Event aus, da die Maul- und Klauenseuche wütete und fast ganz England gesperrt war. 1997 wurden bei dem Rennen 18 Personen verletzt, als es zu einer Massenkarambolage kam und die Käsetreiber nebst ihrem Käse den Hügel hinunterrollten, was ebenfalls zu einer Absage der Veranstaltung im folgenden Jahr führte.

Die Fruchtbarkeit des englischen Südwestens erkannten bereits die Menschen der Jungsteinzeit. So ist die Landschaft geprägt von Überresten neolithischer Monumente, von Steinkreisen und Menhiren. Stonehenge in Wiltshire ist sicherlich das bekannteste. Hier finden sich aber auch Heide- und Moorlandschaften, zum Beispiel die Nationalparks Dartmoor in Devon und Exmoor in Devon und Somerset.

Cornwalls gewaltige Nordküste, wo über 4.000 Kilometer Atlantischer Ozean anbranden und in Tintagel die legendäre Burg König Artus' gestanden haben soll, mit Land's End, dem westlichsten Punkt des englischen Festlandes, bildet einen harten Kontrast zur eher lieblichen Kanalküste.

Die Fischerei war in Cornwall von jeher neben der Landwirtschaft und dem Zinnabbau einer der wichtigsten Erwerbszweige. Eine lokale Spezialität mit eigenartigem Erscheinungsbild ist der *Star-gazey Pie*, ein Fischkuchen, in dem große Sardinen als ganze (aber ausgenommen) verarbeitet werden: Über den Rand der runden Backform ragen die Köpfe der *pilchards* sternförmig heraus, der Teigdeckel umschließt ihre Körper wellenförmig. Eine besondere Tradition hat dieser *Pie* in Mousehole, einem kleinen Fischerdorf in der Nähe von Penzance. Dort wird er am 23. Dezember in Erinnerung an Tom Bawcock gegessen, einen Fischer, der das Dorf vor dem Hungertod bewahrte. Als die Fischer wegen eines anhaltenden Sturms nicht aufs Meer hinausfahren konnten und die Vorräte im Dorf zur Neige gingen, trotzte dieser den Naturgewalten und setzte seine Segel. Einen Tag vor Weihnachten, als man ihn schon aufgegeben hatte, kam er mit reichem Fang zurück und rettete so das Dorf – und das anstehende Weihnachtsfest.

Die Teige für diese herzhaften (und manchmal auch süßen) Spezialitäten werden oft mit Schmalz oder Rindertalg hergestellt, abhängig davon, welche Tiere in der Region gehalten werden.

Der Südosten

Oxfordhire, Buckinghamshire, Berkshire, Hampshire, Sussex, Surrey, Kent und London liegen im Südosten des Landes. In der Grafschaft Berkshire, auch Royal Berkshire genannt, westlich von London, befinden sich mit Windsor Castle, der Pferderennbahn Ascot und der Eliteschule Eton einige der bekanntesten Orte Englands. Und entsprechend heißen kulinarische Spezialitäten dieser Gegend *Brown Windsor Soup* oder *Poor Knights of Windsor* (die im Deutschen übrigens ihren Windsor verloren haben: arme Ritter).

Durchzogen wird die Grafschaft von der Themse, auf der jährlich in der dritten Juliwoche eine bis ins zwölfte Jahrhundert zurückzuverfolgende Tradition fortgeführt wird: das *Swan Upping*. Früher mussten alle Schwäne im Privatbesitz markiert werden; waren sie nicht gekennzeichnet, fielen sie der Krone zu – ein nicht unwichtiger Tatbestand, da Schwäne ein gefragter Leckerbissen waren. Heute übt die Königin ihr Recht nur noch auf bestimmten Abschnitten der Themse aus, muss es sich aber dort mit zwei weiteren Nutznießern teilen: der Dyer's (Färber) und der Vintner's (Kellermeister) Company.

Kent ist der »Garten Englands« mit vielen Früchten und das Hauptgebiet des Hopfenanbaus. Bis zum Zweiten Weltkrieg kamen zur Hopfenernte viele Menschen aus London, unter ihnen auch George Orwell. Seine Erlebnisse dort hat er in seinem Roman *A Clergyman's Daughter* verarbeitet. Noch heute kann man *oast houses* entdecken, seltsam anmutende Häuschen, die von einem runden oder quadratischen Kegeldach mit einer sich im Wind drehenden Schornsteinhaube gekrönt sind, in denen der Hopfen getrocknet wurde.

In West Sussex nahe Chicester befindet sich das Weald and Downland Open Air Museum, in dem Häuser aus dem 13. bis 19. Jahrhundert aus allen Regionen Englands wiederaufgebaut wurden. Dort kann man eine originale Tudor-Küche bewundern, in der wie vor 500 Jahren gearbeitet wird.

Pfannkuchenrennen

In Olney in Buckinghamshire, nordwestlich von London, findet seit 1445 jährlich das *Pancake Race* (Pfannkuchenrennen) statt. Der Legende nach hörte eine Hausfrau die Glocke zur Beichte rufen, und weil sie spät dran war, stürmte sie mit Pfanne samt Pfannkuchen los. Heute rennt man 400 Meter von der alten Kutschstation, dem Bull's Hotel, zur Kirche. Teilnehmen dürfen nur ortsansässige Frauen in

Rock, Schürze und Häubchen. Beim Überqueren der Ziellinie müssen sie den Pfannkuchen in die Luft werfen.

Der Osten

East-Anglia ist ebenfalls eines der sieben historischen Königreiche aus dem Frühmittelalter. Der moderne Verwaltungsbezirk gleichen Namens umfasst jeweils von Norden nach Süden die Grafschaften Norfolk, Suffolk und Essex an der Küste, und im Landesinneren Cambridgeshire, Bedfordshire und Hertfordshire. Die beiden südlichen Grafschaften grenzen an London.

East Anglia ist entlang der Küste von Norfolk und Suffolk für englische Verhältnisse ungewöhnlich flach. Dort liegt der Nationalpark The Broads, eine von schiffbaren Flüssen, Seen und Wasserwegen durchzogene Landschaft, auf der besonders im Sommer reger Bootsverkehr herrscht. Das Gebiet kann im Gegensatz zu den Kanälen in anderen Teilen Englands ohne Schleusen durchfahren werden. Hier wird Obst und Gemüse angebaut, Fleisch und vor allem Fisch gegessen.

In Great Yarmouth war um die Wende zum 20. Jahrhundert die größte Heringsflotte der Welt mit 1.000 Booten beheimatet, die jährlich 120.000 Tonnen Fisch anlandete. Heute existiert sie nicht mehr. Dafür wird auf See Erdöl gefördert, was aber der Beliebtheit von Great Yarmouth als Badeort keinen Abbruch tut.

Die Heringe wurden zu *Kippers* und *Bloaters* verarbeitet, viele Meeresfrüchte gingen jedoch nach London. Nur wenn sie nicht den Erwartungen der Hauptstädter entsprachen, wie etwa die kleinen Krebse in Cromer, aß man sie selber. Heute kann man *Cromer Crabs* sogar bei Waitrose kaufen, einem Edelsupermarkt.

Norfolk-Puten wurden zu Fuß nach London getrieben. Drei Monate waren sie unterwegs, um rechtzeitig zum Weihnachtsfest anzukommen. Aus Nottingham (East Midlands) machten sich im Oktober Gänse auf den Marsch.

Eine Spezialität ist der *Bedfordshire Clanger*, ein rechteckiger Kloß, der an einem Ende mit Fleisch und Kartoffeln, am anderen Ende mit Konfitüre gefüllt ist. Im Gegensatz zur *Cornish Pasty*, die auch herzhaft und süß gefüllt wird, wird der Kloß in ein *Pudding Cloth* (Seite 154) gehüllt und gekocht.

An felsigen Küstenabschnitten werden *samphire* (Meeresfenchel) und *seakale* (Meerkohl) gesammelt und eingelegt oder frisch zubereitet.

Die Midlands

Die Midlands bilden den mittleren Gürtel zwischen Nordsee und Wales. Sie trennen Nord- und Südengland und reichen bis Lincolnshire an der Ostküste. Von dort aus laufen Grafschaften in zwei Linien parallel nach Westen bis an die Grenze zu Wales: im Süden Rutland, Northamptonshire und Leicestershire, Warwickshire, Worcestershire bis nach Herfordshire, im Norden Nottinghamshire, Derbyshire, Staffordshire und Shropshire. Das Zentrum bildet die zweitgrößte und wohl industriellste Stadt Englands: Birmingham.

Birmingham: das Zentrum der Balti-Küche

Die Stadt ist das Zentrum des *Balti Cooking* – wobei nicht klar ist, woher sich dieser Begriff ableitet. Manche behaupten, er käme aus dem Hindi (das in Nord- und Zentralindien gesprochen wird), wo *balti* so viel wie Eimer bedeutet. Andere glauben, er leite sich ab von Baltistan, einem ehemaligen Königreich, das heute im nördlichen Pakistan liegt. Kernstück der Balti-Küche ist die *karahi*, eine Pfanne, in der die Curry-Gerichte durch schnelles Rühren ähnlich wie in einem Wok zubereitet werden. Innerhalb weniger Jahre entstanden mehr als 100 Balti-Restaurants in Birmingham, und der Trend breitete sich in ganz England aus.

In den Midlands wird gerne Schweinefleisch gegessen. Berühmt ist der *Pork Pie* aus Melton

Mowbray, der zum Besten zählt, das die englische Küche zu bieten hat. Auch Innereien erfreuen sich hier großer Beliebtheit.

Für einen wohlhabenden Metzger aus Leicester wurde die Rationierung von Fleisch im und nach dem Zweiten Weltkrieg zur Goldgrube. Da seine Waren allmorgendlich bereits um zehn Uhr ausverkauft waren, überlegte Mr Walker, was er, seine Angestellten und sein Geschäft mit dem restlichen Tag anfangen könnten, und verfiel darauf, *Crisps* herzustellen. Anfangs wurden die Kartoffeln von Hand geschnitten und in einer schlichten Fritteuse für *Fish 'n' Chips* gebraten. Heute hat die Firma Walker Crisps mehr als 4.000 Mitarbeiter, und ihre Kartoffelchips sind in jedem Pub, Supermarkt und Kiosk in Großbritannien zu kaufen.

In den Pubs dieser Gegend wird *Mild* getrunken, ein Bier mit weniger Hopfen als *Bitter.* Warwickshire kennt eine Art Fruchtwein, dem Cider nicht unähnlich, nur wird er hier aus Pflaumen gemacht und nennt sich *Plum Jerkum.*

Der Nordwesten

Cheshire, Lancashire, Cumbria sowie die Ballungsgebiete um die beiden Großstädte Liverpool und Manchester bilden den Nordwesten Englands. Er ist das ehemalige Zentrum der Baumwollindustrie und noch heute die Hochburg des englischen Fußballs. Von den 20 Clubs, die in der englischen Premier League spielen, kommen ein Drittel aus dem Nordwesten (zurzeit Manchester United, Manchester City, FC Everton, FC Liverpool, Bolton Wanderers, die Blackburn Rovers, Wigan Athletic), ein weiteres Drittel aus London, und der Rest verteilt sich auf das übrige Land. Die englische Football League wurde von jeweils sechs Vereinen aus Lancashire (unter anderem Blackburn, Bolton und Everton) und den Midlands (insbesondere Birmingham, zum Beispiel Aston Villa) gegründet.

Ursprünglich hatten hier Heerscharen von Textilarbeitern zu Hause gesponnen und an Handwebstühlen gearbeitet. Mit der zunehmenden Mechanisierung verlagerten sich ihre Arbeitsplätze in die Fabriken, wo Maschinen mit Wasser- und später auch mit Dampfkraft betrieben wurden. Diese Veränderungen im Arbeitsprozess und in der Lebensweise der Menschen kann man gut in Styal Mill in Cheshire verfolgen, einer der besterhaltenen Arbeiterwohnanlagen Großbritanniens. So wurde beispielsweise ein *Apprentice House* für Lehrlinge gebaut, in dem arme und Waisenkinder untergebracht wurden, die in der Fabrik arbeiteten. Die Kinder wurden wegen ihrer geringen Körpergröße eingesetzt, aufgrund derer sie besser unter die Maschinen kriechen konnten, um eventuelle Schäden zu beheben. Um das Lehrlingshaus herum befand sich ein Gemüsegarten zur Eigenversorgung, um den sich die Bewohner in ihrer kargen Freizeit kümmerten. Die Anlage ist heute im Besitz des National Trust, der sie so restaurierte, dass ihr Zustand in etwa dem von 1830 entspricht. Auch die angebauten Gemüse stimmen mit denen der damaligen Zeit überein, da man aus den Bestellbüchern einer nahe gelegenen Samenhandlung ersehen konnte, welche Samen der Mühlenbesitzer geordert hatte.

Zur Erholung und zum Amüsieren fuhren die Arbeiter nach Blackpool. An dem langen Strand kann man bei entsprechendem Wetter baden, im Vergnügungspark und in den Spielhallen entlang der Promenade sein sauer verdientes Geld loswerden, auf einer Holzachterbahn fahren oder in einer Geisterbahn aus dem frühen 20. Jahrhundert, in der es spuken soll. Von September bis November wird die Promenade bei Dunkelheit illuminiert – ein imposanter Anblick. Und ausgerechnet in diesem Arbeitererholungsparadies halten die Torys, die Konservative Partei, ihren jährlichen Parteitag ab.

Lancashire war traditionell eher arm und daher, neben seinen vielen Kuchen, bekannt für Innereien aller Art wie Euter, Bries, Zunge, *Lamb's Fry* (Lammhoden). Früchte gedeihen weniger gut in dem feuchten Klima, dafür war Lancashire aber die Grafschaft, in der seit Mitte des 17. Jahrhunderts Kartoffeln in großem Stil angebaut wurden. Auch die Käse aus Cheshire und Lancashire erlangten überregionale Bedeutung.

Engländer sind leidenschaftliche Gärtner, und natürlich finden allerlei Wettbewerbe statt, wer den, die oder das größte Erzeugnis vorzuweisen hat: So begann man im 18. Jahrhundert beispielsweise damit, Stachelbeeren zu vergleichen. Die ersten Wettbewerbe dieser Art fanden in Lancashire statt. Bald schwoll die Zahl auf über 170 landesweit an; sie fiel nach dem Ersten Weltkrieg auf 20 und heute auf nur noch zwei: einen in Cheshire und einen in Egton Bridge in North Yorkshire. Aus dem ganzen Land eilen Hobbygärtner herbei, im Gepäck eine Frucht, die Ähnlichkeit mit einem haarigen Golfball hat. Den Rekord hält übrigens seit 1993 eine Stachelbeere mit einem Gewicht von 61,9 Gramm.

Ganz im Norden von Lancashire liegt Morecambe Bay, woher die besten kleinen braunen Shrimps für Lancashires berühmte *Potted Shrimp* kommen.

Der Nordosten

Yorkshire, die größte Grafschaft Englands, ist trockener als der Westen. Die vom Atlantik mit dem Westwind herangetragenen Wolken regnen sich schon am Pennin-Gebirge ab. North Yorkshire ist berühmt für die Schönheit seiner *dales* und *moors*, allerdings haben diese »Moore« nichts mit Feuchtgebieten zu tun, sondern sind mit Heidekraut bewachsene Landschaften. Dort hat man in den Anfängen der industriellen Revolution die Bäume gefällt, um Holzkohle zum Schmelzen der Erze zu gewinnen. Dadurch entstand Weideland für die Schafe, die Leeds und

Bradford, die beiden Zentren der englischen Wollverarbeitung in West Yorkshire, mit Wolle versorgten. Die größte Stadt der Region ist Sheffield, das Zentrum der Stahlindustrie.

Eine der bekanntesten Spezialitäten aus Yorkshire ist der Schinken. Knochenfunde deuten darauf hin, dass in York schon früh in großem Maßstab Schweine gehalten wurden. Die Stadt hieß unter den Römern Eburacum, wurde aber von den Angelsachsen in Eoforwic umbenannt, was so viel wie Wildschweinstadt bedeutete.

York ist die Heimat so bekannter Süßigkeiten wie Smarties und Kitkat, die die Firma Rowntree seit 1937 produziert.

Wales

Als ich meiner englischen Schwägerin erzählte, ich sei auf dem Weg nach Wales, um über die dortige Küche zu schreiben, fragte sie etwas ungläubig: »Und was essen die da? Lauch?« Womit sie nicht unrecht hatte. Nicht nur ist der Lauch neben dem roten Drachen und der Narzisse eins der drei Wahrzeichen des Landes: Lauch kommt im walisischen Nationaleintopf *Cawl* (Seite 111) vor, wird auf der Insel Anglesey vor dem nordwestlichsten Zipfel von Wales unter den Kartoffelbrei für die *Anglesey Eggs* gemischt, findet sich in den vegetarischen *Glamorgan Sausages* wieder oder wird zum *Welsh Rarebit* gereicht, einem Käsetoast.

Die Legende vom Lauch

Der Legende nach kam der Lauch zu Ehren, als sich die Kelten im siebten Jahrhundert bei einer Schlacht, die auf einem Lauchfeld stattfand, zwecks besserer Unterscheidbarkeit von ihren sächsischen Gegnern mit den Stangen schmückten. Heute heften sich die Waliser ihre *leeks* nur noch am 1. März ans Revers, dem Tag des Nationalheiligen St. David, sozusagen das walisische Pendant zum irischen St. Patrick. David war ein Mönch des sechsten Jahrhunderts, der die keltischen Stämme in Wales christianisierte. Er soll sich hauptsächlich von Brot, Wasser, Kräutern

– insbesondere Brunnenkresse – und, natürlich, Lauch ernährt haben. Und auch bei internationalen Spielen walisischer Rugby-Mannschaften tragen die Spieler das Emblem einer Lauchstange auf dem Trikot und werden schon mal in der Presse als *Leeks* bezeichnet.

Auch ein weiteres Mitglied der Allium-Familie, die Zwiebel, steht in Wales oben auf dem Speiseplan. Ältere Leute erzählen, dass in ihrer Jugend gekochte ganze Zwiebeln die wichtigste Zutat ihrer Hauptmahlzeit waren. Beliebt war auch der *Onion Cake* – walisischer Zwiebelkuchen.

Allium Ursinus, auf Englisch *ramson* oder *wild garlic*, zu Deutsch Bärlauch, ist jedem Waliser bekannt, da er im Mai hier überall wächst und mit seinem Duft die Luft anreichert. Als Speisewürze ist er jedoch fast völlig unbekannt.

Der Grund für die Dominanz der Zwiebelgewächse liegt wohl darin, dass im bergigen Wales wenig fruchtbarer Boden zu finden ist und die robusten, anspruchslosen Knollen und Stangen gut auf dem kargen Boden gedeihen.

Außer Zwiebeln, Kartoffeln und Kohl wächst in Wales auch Hafer. Er wird zum Beispiel zu *Oatmeal Dumplings* (Haferklößchen), *Oatmeal Pancakes* (Haferpfannkuchen) oder *Flummery* (Haferbrei) verarbeitet.

In der walisischen Landwirtschaft steht aufgrund des unergiebigen Bodens die Viehzucht im Vordergrund. Auf den Bergen und entlang der Küste weiden extensiv Schafe. Ihr Fleisch wird entweder als *Salt Marsh Lamb* mit seinem charakteristisch würzigen Geschmack oder als *Welsh Hill* oder *Mountain Lamb* verkauft. Doch auch Hammel *(mutton)* ist wieder im Kommen, wobei die Definition dessen, was einen Hammel ausmacht, nicht ganz klar ist. Manche bezeichnen ein Schaf, das nach Weihnachten geschlachtet wird, also gut ein Jahr alt ist, als Hammel, andere ihre zwei Jahre alten Tiere.

»Ohne Speck läuft nichts«

Auch Schweine stehen auf dem Speiseplan der Waliser, ohne Speck läuft hier fast nichts. Eines der typischen traditionellen Gerichte sind die *Welsh Faggots*, eine Art Frikadellen aus Innereien, die auch heute noch gelegentlich in Fleischereien angeboten werden. Ursprünglich bereitete man sie nach dem Schlachten eines Schweins zu, weil man die schnell verderblichen Innereien verarbeiten wollte.

Viele der typisch walisischen Gerichte, für die ursprünglich wohl Hammel- oder Schweinefleisch verwendet wurde, werden heutzutage auch mit Rindfleisch zubereitet. Deswegen findet sich in traditionellen Kochbüchern zum Beispiel für den Nationaleintopf *Cawl* alles von Speck bis hin zum Lammnacken.

»Muschelfrauen«

Wales ist an drei Seiten von Wasser umgeben. Auf einer Länge von 1.300 Kilometern findet man von feinen Sandstränden bis zu dramatischen Klippen mit Seevogelkolonien nahezu alles. Die Fischerei ist ein wichtiger Wirtschaftszweig, und so spielen auch Muscheln, Austern und Algen in der Küche eine bedeutende Rolle. Früher sah man in Südwales *Cockle Women* (Muschelfrauen) bei Ebbe gebeugt am Strand mit einer Art Klinge im Sand herumstochern und Muscheln ausgraben, die sie reinigten, kochten und aus der Schale lösten. Dann zogen sie von Haus zu Haus und verkauften diese. Ältere Einwohner können sich erinnern, dass ihre Mütter die Muscheln vor dem Krieg in ausgelassenem Speck brieten und mit Butter und Brot aßen. Auch stellten sie *Laverbread* auf den Tisch: stundenlang gekochte Algen, die mit Hafergrütze vermischt und zu kleinen Küchlein geformt wurden. In früheren Zeiten wurden diese auch in ausgelassenem Speck gebraten und waren so ein beliebtes, stärkendes Frühstück für Bergleute. Populärer noch als der Seefisch aber sind Lachse und Forellen aus den walisischen Flüssen.

Historisches

Von der Vorzeit bis zur normannischen Invasion

Was sich in grauer Vorzeit abspielte, lässt sich nur schwer dem britischen Nebel entreißen. Aber nach Abtrennung der Britischen Inseln vom Kontinent etwa 6500 v. Chr. lebten auch hier die Menschen als Jäger und Sammler, die zwar im Sommer Fisch, im Winter Fleisch aßen und im Frühling Eier schlürften – die kleineren roh, die großen dagegen garten samt Schale in der Glut –, hauptsächlich jedoch pflanzliche Nahrung zu sich nahmen: das damals übliche Sortiment aus Wurzeln, Tannenzapfen, Baumrinde und Knospen. Auch Blattgemüse in Form von wildem Kohl, Löwenzahn und Spinat mit würzigen Kräutern wie Rauke, Pimpinelle und Bärlauch stand auf dem Speiseplan. Im Herbst wurden Früchte wie Beeren (Schlehen, Holunder, Erd- und Brombeeren), Holzäpfel, Pilze, Nüsse, Flechten und Algen gesammelt und als Vorrat für den Winter getrocknet.

Die Ur-Briten jagten Großwild wie Hirsche, Auerochsen, Wildschweine und Elche und fingen kleineres Wild – Otter, Wildkatzen, Biber und Hasen – in Fallen. Nichts wurde ungenutzt gelassen. Dabei entstanden auch die ersten Vorformen von *Black Pudding*: mit Innereien, Kräutern und Fett gestopfte, auf dem Feuer geröstete Gedärme. Fische wurden getrocknet und geräuchert, Vögel samt Gefieder dick mit Lehm umhüllt und in der glühenden Asche des Feuers gebacken.

Um 3500 v. Chr. hielt man sich bereits erste Haustiere wie Schafe, Ziegen, Rinder und Schweine. Da Knochenfunde aus jener Zeit verraten, dass Kalb häufig auf dem Speiseplan stand, kann man wohl davon ausgehen, dass auch die Milch ihrer Mütter schon damals zu den Vorläufern von Cheddar oder Wensleydale verarbeitet wurde. Doch Kalb hat sich bis heute in England nicht wirklich durchgesetzt.

Die Kelten

Die Eisenzeit auf den Britischen Inseln beginnt mit den Kelten, die ab dem achten Jahrhundert v. Chr. nach und nach das Land besiedelten. Wahrscheinlich kamen sie nicht als konzentrierte Invasionsarmee, sondern in kleineren Verbänden. Sie brachten domestiziertes Geflügel mit und hielten Bienen in aus Weiden geflochtenen Bienenkörben – vor allem, um an den Grundstoff für ihren Met heranzukommen. Bier brauten sie aus Gerste und Weizen (den Hopfen brachten erst die im Mittelalter einwandernden Flamen mit).

Die Kelten erkannten auch die große Fruchtbarkeit des britischen Bodens, holzten Wälder ab, um Weideland für das Vieh zu gewinnen, und begannen im Ackerbau Eisenpflüge einzusetzen. Die Ernte lagerten sie in unterirdischen Silos. Diese Produktivitätssteigerung und Vorratshaltung ermöglichte es ihnen sogar, Getreide auf den Kontinent zu exportieren: zur Versorgung der römischen Legionen.

Die Römer

Julius Cäsar versuchte wiederholt die Britischen Inseln einzunehmen – vergebens. Briten und Kelten beherrschten das Territorium, bis es den Römern im Jahr 43 dann doch noch gelang, die in der Eisenzeit lebenden Stämme für gut 350 Jahre zu unterwerfen und ihnen ein wenig mediterranes Flair nahezubringen, was den Speiseplan zum Beispiel um Petersilie, Minze, Knoblauch und Olivenöl, aber auch um Kirschen und Schnecken bereicherte.

Die Römer legten von hohen Mauern geschützte Gärten an, um Obstbäume und Reben anzupflanzen, die so besser gediehen.

Marcus Valerius Martialis' Beschreibung eines »bescheidenen« Mahls der Römer auf den Britischen Inseln in dieser Zeit – Zicklein mit Fleischbällchen, Huhn, Schinken, Bohnen, Salat und Lauch, gewürzt mit Minze und Rauke – ließ die Verfasser der *Cambridge World History of Food* trocken bemerken, es hätte 2.000 Jahre gedauert, bis auf den Britischen Inseln wieder ein derart ausgeglichenes Mahl serviert worden wäre.

Die Römer schätzten Austern sehr, und manche der von ihnen angelegten Austernbänke existieren noch heute.

Invasionen des frühen Mittelalters

Nach dem Rückzug der Römer löste sich ihr kulinarischer Einfluss mehr oder weniger in Wohlgefallen auf: Die Pfauen und Perlhühner flohen aus ihren Volieren und starben in der Wildnis, das Olivenöl verschwand für lange Zeit aus der britischen Küche, und es wurde vermehrt mit Schafsbutter gekocht. So blieb nicht viel: Die Römer hatten als klassische Besatzer die Ureinwohner nicht vertrieben und auch nicht wirklich deren Lebens- und Essgewohnheiten beeinflusst.

Die Lebensgewohnheiten unter Angeln und Sachsen

Anders die Angeln und Sachsen: Ab dem fünften Jahrhundert verdrängten diese heidnischen Stämme die ansässigen, bereits christianisierten Völker westwärts Richtung Wales und Cornwall. Sie brachten für die Küche der Insel vor allem ihr Wissen über Kräuter mit und führten Ale in Britannien ein, ein leichteres und milderes Gebräu als das dunkle, süße britische Bier.

Das einfache Volk ernährte sich weiterhin vorwiegend von Getreidebrei mit jeder Form von Gemüse und Kräutern. Auch Leinsamen wurde sehr geschätzt. Zunächst konnten die Menschen noch auf das zurückgreifen, was ihnen die Natur bot, zum Beispiel Dachse, Eichhörnchen und Ratten. Doch spätestens im siebten Jahrhundert tauchen *bye-laws* auf, Verordnungen, die die Bauern zunehmend bei der Nutzung des Landes einschränkten und ihnen beispielsweise das Schlagen eines Baumes auf einem bestimmten Gebiet bei Strafe untersagten.

Parallel dazu entwickelten sich die *commons*, die Allmende. Dabei handelte es sich um Land, das die Bauern und Leibeigenen *(serfs)* nutzen durften, um ihren Lebensunterhalt zu sichern: Neben Getreide pflanzten sie dort hauptsächlich Zwiebeln, Lauch, Knoblauch sowie Kohl an, ließen ihr Vieh weiden, hatten Zugang zu Wasser und konnten Holz schlagen. Hatte es sich bei diesem Land unter sächsischer Herrschaft tatsächlich um Gemeinschaftseigentum gehandelt, so gerieten die *commons* später meist in Privatbesitz (bzw. in den Besitz der Krone oder der Kirche), und die Rechte zu ihrer Nutzung mussten vereinbart werden.

William the Conqueror ließ zum Beispiel 1079 den New Forest, das größte zusammenhängende Waldgebiet im Süden Englands – es erstreckt sich über Teile von Hampshire, Wiltshire und Dorset, seit April 2006 auch Nationalpark –, als königlichen Jagdgrund entvölkern; sein Nachfolger kam dort im Jahr 1100 bei einem mysteriösen Unfall ums Leben. Mit der Zeit aber erhielten die Menschen bestimmte Nutzungsrechte zurück, so durften sie im Herbst dort Schweine 60 Tage lang mit Eicheln und Bucheckern mästen.

Ein Zehntel *(tithe)* des Ertrages der *commons* wurde an die Kirche abgetreten. Dieser Zehnte wurde gedrittelt: ein Drittel für den Priester, eines für den Erhalt der Dorfkirche und eines für die Armen. An Ostern wurde als Abgabe ein Lamm fällig, zu Michaelmas (29. September, Herbstanfang) eine Gans. In Bradford on Avon kann man noch heute eine gewaltige *tithe barn* aus dem frühen 14. Jahrhundert bewundern, eine feste, fast kathedralenartige Scheune, in der der Ertrag des Zehntels aufbewahrt wurde.

Die Christianisierung mit neuen Speise- und Fastenregeln

Mit der Christianisierung traten seit dem fünften Jahrhundert auch neue Ernährungsregeln in Kraft. Den radikalsten Einfluss der Kirche auf die Essgewohnheiten der Bevölkerung hatten die Speise- und Fastenregeln – bis zu zwei Drittel des Jahres waren Fastentage. Die Kirche lehrte, dass der Verzehr von Fleisch die Lust anrege und ein guter Christ deswegen seinen Appetit zügeln müsse. Und möglichst geschmacksneutrale Kost sollte auf den Tisch gelangen, da die Sexualorgane – so nahe am Magen gelegen – durch würziges Essen stimuliert würden. Natürlich wurden auch heidnische in christliche Regeln umgemünzt: Der freitägliche Fisch war nun auf den Karfreitag zurückzuführen und wurde nicht mehr zu Ehren der nordischen Göttin Frigga gegessen. So gewann Fisch allgemein wieder an Bedeutung für die Ernährung, die er während der Vorherrschaft der Germanen, die eher bäuerlich geprägt waren, eingebüßt hatte.

Die gezielte Umgehung der Fastenordnung produzierte natürlich auch absurde Praktiken. So wurden Wasservögel zu Fisch deklariert und in Klöstern Kaninchen wegen ihrer Embryos gezüchtet, die nicht als Fleisch galten. Diese Phänomene verschwanden erst, als mit Auflösung der Klöster unter Henry VIII. im 16. Jahrhundert auch das Fasten neu definiert wurde. Die Reformation führte zu puritanischen, wenn nicht gar spartanischen Sitten, die im Gegensatz zur eher sinnlichen Völlerei des katholischen Mittelalters standen.

Die Wikinger

Zumindest in einer Hinsicht war es vorteilhaft, dass seit Ende des achten Jahrhunderts vermehrt Wikinger in das nach dem Abzug der Römer geschwächte Land einfielen, das in sieben Königreiche zerfallen war. Sie plünderten, und sie errichteten an Flussmündungen entlang der Ostküste befestigte Türme, in die sie sich nach ihren Raubzügen flüchteten, bis sie sich wieder einschiffen konnten. Ihr kulinarischer Beitrag zur britischen Küche bestand im Wesentlichen aus einer verbesserten Technik der Fischverarbeitung (Einsalzen, Räuchern, Trocknen) sowie der Herstellung von Butter und Käse. Das englische Wort für Molkerei, *dairy*, geht auf *deigja* oder *deja* (isländisch bzw. schwedisch für

Milchmädchen) zurück, während das altsächsische Wort *wyke*, heute noch in Ortsnamen wie Greenwich oder Warwick zu finden, auf ein kleines Dorf mit Molkerei hinweist. Und wer weiß, vielleicht brachten die Wikinger ja auch die Kohlrübe mit, die im Englischen *swede* (Schwede) heißt?

Im frühen Mittelalter führte man die Drei-Felder-Wirtschaft ein: Getreide oder Hülsenfrüchte wurden im Wechsel angebaut, im dritten Jahr lag das Feld brach. Gemahlen wurde das Getreide hauptsächlich mit der Hand, obwohl es seit dem achten Jahrhundert Wassermühlen gab. Doch dafür waren Abgaben fällig, ebenso für die Backöfen, die sich in den Händen der Lords befanden – aus dem altenglischen Wort *hlaford* (Brotverteiler) entwickelte sich im Laufe der Zeit der Titel Lord, aus *hlaefdigge* (Brotkneter/in) der Titel Lady. Die einfachen Leute werden Fladen gegessen haben, die sie über dem Feuer backen konnten.

Um das Jahr 1000 lag die Bevölkerungszahl der Insel, die in den Hochzeiten der Römer auf fünf Millionen angestiegen war, bei etwa 1,5 Millionen.

Die Normannen

1066 waren die Normannen, aus Nordfrankreich kommend, in England eingefallen, hatten es unterworfen und bestimmten fortan auch, was kulinarisch en vogue war, zumindest in der normannischen bzw. normannisch orientierten Oberschicht.

Ein Dialog in Walter Scotts populärem Ritterroman *Ivanhoe* von 1819 (erinnert sich noch jemand, dass zu grauer Vorzeit ein Roger Moore über den Bildschirm galoppierte?) zwischen dem Narren Wamba und dem Schweinehirten Gurth beleuchtet den sozialhistorischen Hintergrund der englischen Küchensprache:

»[...] how call you those grunting brutes running about on four legs?« demanded Wamba.

»Swine, fool – swine,« said the herd; »every fool knows that.«

»And swine is good Saxon,« said the jester, »but how call you the sow when she is flayed and drawn and quartered, and hung up by the heels like a traitor?«

»Pork,« answered the swineherd.

»I am glad every fool knows that too,« said Wamba, »and pork, I think, is good Norman French. And so, when the brute lives and is in charge of a Saxon slave, she goes by her Saxon name, but becomes a Norman and is called pork when she is carried to the castlehall to feast among the nobles.«

Die normannische Küchensprache der Oberschicht

Auf den Feldern angelsächsischer Bauern weideten *cows*, diejenigen aber, die ihr Fleisch verspeisten, bezeichneten ihren Braten als *beef*. Die sächsische *cow* gebar zwar noch ein *calf*, der Hofstaat jedoch verzehrte es als *veal*. Der angelsächsische Schäfer hütete *sheep*, und Jäger erlegten *deer* (Bedeutung auf Neuenglisch: Hirsch, auf Altenglisch: vierbeiniger Wiederkäuer mit Geweih; auch im Deutschen gibt es noch das *reindeer*, das Rentier), doch bei Hofe mundeten sie als *mutton* bzw. *venison*.

Und nicht nur in der Sprache hinterließen die Normannen Spuren, sie führten auch neue Sorten von Früchten (Pfirsiche, Stachelbeeren, Quitten usw.) und neue Küchentechniken ein. Ihr alkoholischer Beitrag bestand aus Cider und Perry, der aus Äpfeln bzw. Birnen gewonnen wurde. Schließlich brachten die Kreuzfahrer Zitrusfrüchte und Gewürze vom Mittelmeer nach Britannien.

Gegessen wurde in der mittelalterlichen Upperclass im Rittersaal. Man nimmt an, dass die Speisen dort meist kalt serviert wurden, nicht nur, weil sie durch lange Gänge getragen werden mussten, da die Küchen weit entfernt oder gar außerhalb des Gebäudes lagen, sondern auch, weil die einzelnen Gerichte zeremoniell zerlegt und vorgekostet werden mussten, bevor sie serviert wurden, da man in ständiger Angst lebte, vergiftet zu werden.

Bei Tisch dienten den Wohlhabenden sogenannte *trenchers* als Teller, dicke Scheiben aus Roggen- oder Roggenmischbrot, die aber meist nicht gegessen wurden – dazu gab es schließlich feines, helles Weizenbrot –, sondern nach dem Essen eingesammelt und an die Armen verteilt wurden. Die Bauern aßen meist reines Roggen- oder Mischbrot, manchmal auch mit Gerste und Hafer versetzt, und wenn die Ernte schlecht ausfiel, wurden Hülsenfrüchte und selbst Eicheln im Brot verbacken.

Auf dem Lande buken die Menschen überwiegend selber. Die professionellen Bäcker der Stadt waren dafür berüchtigt, ihr Mehl mit allerlei Unerlaubtem zu strecken und die Brote unter Gewicht zu verkaufen. Darauf reagierten 1266 die ersten Gesetze, die den Preis für Brot und Bier regelten *(assize of bread and beer)*.

In der Oberschicht waren Rind und Hammel beliebt. Da die Futterwirtschaft aber noch nicht sehr entwickelt war, musste das Vieh, das nicht zu Arbeits- und Zuchtzwecken oder der Milch wegen gehalten wurde, im Spätherbst geschlachtet, eingesalzen und geräuchert oder getrocknet werden. Es wäre sonst in den langen Wintermonaten verhungert. Die einzige Ausnahme bildeten die Allesfresser Schweine, die selber nach Nahrung wühlen konnten und auch fraßen, was die Menschen wegwarfen. Sie waren die einzigen Tiere, deren Haltung sich ein Bauer zum Eigenbedarf leisten konnte – und so nebenbei noch Hygienedienste leisteten. Geflügel wurde in allen Bevölkerungsschichten gegessen, allen voran jedoch von Geistlichen, denen der Verzehr vierbeiniger Wesen verboten war.

Die Ernährungsge- und -verbote der Bauern

Die Bauern dieser Epoche sammelten noch immer viel Wildwachsendes zum eigenen Verzehr. Allerdings war ihnen die Jagd verboten, da die Wälder mittlerweile dem König gehörten. Gärten existierten im Mittelalter nur als Kräutergärten, meist in Klöstern, in denen zu medizinischen Zwecken über 100 Arten von Kräutern angepflanzt wurden. Gemüse, insbesondere rohes, galt als unbekömmlich.

Das Los der Bauern in England verbesserte sich erst, nachdem die Pest in der zweiten Hälfte des 14. Jahrhunderts die Bevölkerung um die Hälfte dezimiert hatte. Da vor allem die überarbeitete, unterernährte Bauernschaft dahingerafft wurde, bestellte niemand mehr die Felder, was zu Hungersnöten führte. Aber von einer Überbevölkerung wie in den Zeiten vor der Pest konnte keine Rede mehr sein, sodass dem einzelnen Bauern mehr Land zur Verfügung stand und die Großgrundbesitzer oft sogar die Pacht reduzierten, um es der Landbevölkerung zu ermöglichen, die Felder zu bestellen.

Die Küchenregeln der Handwerker und Bediensteten

Handwerker und Bedienstete in den Städten hatten es noch besser. Ein Gesetz wurde erlassen, demzufolge sie einmal täglich Fleisch und Milchprodukte erhalten sollten. Zum Frühstück war Brot und Ale vorgeschrieben, manchmal mit eingelegtem Hering – und noch heute zählt *Kipper* (Seite 73) zum Frühstück.

Nach dem von Pestepidemien begleiteten Hundertjährigen Krieg (1337–1453), in dem England versuchte, Frankreich unter die britische Krone zu zwingen, dem darauffolgenden Rosenkrieg (1455–1485), in dem sich die beiden Zweige des Königshauses Plantagenet, York (weiße Rose) und Lancaster (rote Rose), bekämpften, gegenseitig ausrotteten und somit das alte Feudalsystem erheblich schwächten, der Entdeckung Amerikas (1492) und der Auflösung der Klöster (1529–1533) hatte England das Mittelalter endgültig hinter sich gelassen. Die Tudors übernahmen die Krone.

Neuzeit: It's Tea Time

Exotische Lebensmittel aus der Neuen Welt, die im Laufe des 16. Jahrhunderts ihre ersten Auftritte in der Alten Welt hatten, brauchten teilweise Jahrhunderte, um sich in Europa durchzusetzen, wenn man einmal davon absieht, dass in besser betuchten Kreisen gelegentlich eine Kartoffel oder Tomate als Kuriosum herumgereicht wurde. Eine Ausnahme gab es jedoch, und sie kam aus Mittelamerika: Bereits seit den 1540er Jahren thronte in England bei Festlichkeiten ein Truthahn auf dem Tisch.

Auch Zucker aus Zuckerrohr, ursprünglich in kleinsten Mengen von den Kreuzfahrern mit nach Hause gebracht, wurde nun in den Amerikas im großen Stile angebaut und, zumindest in der wohlhabenden Oberschicht, immer populärer. Die Zuckerbäckerei trieb Blüten, und die Tafeln wurden dekoriert mit kunstvollen Skulpturen aus gesponnenem Zucker – der Zucker wurde erhitzt und verflüssigt, bis er Fäden zog, die sich formen ließen.

Allerdings nahm die Zahngesundheit im Zuge dessen ab. Selbst Elizabeth I. soll schwarze Zähne gehabt haben, da halfen auch die aus edelstem Metall gefertigten Zahnstocher nicht, die man in den Hut gesteckt stets bei sich trug – der Clown in Shakespeares *Wintermärchen* durchschaut so einen Schwindler, denn einen großen Mann erkenne man daran, wie er sich die Zähne reinige.

Käse war allzeit beliebt. Die Aristokratie aß die gereifteren, älteren Sorten, die einfachen Leute begnügten sich mit Frischkäse. Sogar aus dem Mittelmeerraum wurde Käse eingeführt: Dem englischen Adel mundete besonders der Parmesan.

In adligen Kreisen wurde das Essen jetzt auf Tellern serviert. Auch nahm man die Mahlzeiten, außer bei besonderen Anlässen, nicht mehr im großen Saal zu sich, sondern in kleineren, privaten Gemächern.

Zwar dominierten bei denen, die es sich leisten konnten, nach wie vor Braten und andere Fleischgerichte die Mahlzeiten, doch auch beim Gemüse tat sich einiges. Es war nicht mehr so verpönt wie vormals. Die Pioniere der Naturkost regten sich: John Evelyn (1620–1706), einer der Ersten, der eine fleischlose Ernährung propagierte, schrieb in seiner *Acetaria – A Discourse of Sallets* begeistert über die *herby diet*, die kräuterreiche Ernährungsweise. Aber er beschreibt nicht nur den Anbau und die Zubereitung von Obst und Gemüse von Artischocken bis Wermutkraut, sondern lässt sich auch darüber aus, ob ein Salat eher zum Beginn oder zum Abschluss einer Mahlzeit eingenommen werden sollte – er plädiert für Ersteres.

Die seefahrenden Nationen Portugal und Holland brachten im frühen 17. Jahrhundert den Tee nach Europa. Insbesondere Holland wurde von einer an Manie grenzenden Modewelle ergriffen, die alles Asiatische umfasste. Das lässt sich gut auf holländischen Gemälden jener Zeit erkennen, auf denen Regale und Kaminsimse reichlich mit chinesischem Porzellan bestückt sind. Und vor allem tranken die Holländer Tee. Auch Frankreich wurde für 50 Jahre von einer Teewelle überrollt, bevor sich seine Einwohner dann doch lieber wieder dem Wein und dem anderen Modegetränk, Kaffee, zuwandten.

Wie England zum Tee kam

Die Ehre, das erste englische Zeugnis von Tee verfasst zu haben, kommt einem Vertreter der East India Company zu, der 1615 seinen Kollegen in Macao bat, ihm einen Topf besten chinesischen *chaw* zu senden. Der erste Tee erreichte Britannien aber erst in den 1650er Jahren. Seinen wirklichen Siegeszug in der dritten großen Seefahrernation trat er verspätet an, obwohl er in den amerikanischen Kolonien bereits eifrig konsumiert wurde. Erst als Charles II., Sohn des enthaupteten Charles I., der während Cromwells Herrschaft in Holland im Exil gelebt und eine portugiesische Prinzessin geehelicht hatte, 1660 nach England zurückkehrte, verbreitete sich die neue Trinkmode vom Hof ausgehend auch dort. Die (Un-)Sitte, den Tee mit Milch zu sich zu nehmen, ist übrigens nicht englischen Ursprungs, sondern stammt aus Frankreich, berichtet die Marquise de Sévigné über Madame de Sablière.

Bis ins 18. Jahrhundert wurden in England üblicherweise nur zwei Mahlzeiten verzehrt: ein herzhaftes Frühstück und abends ein ausgiebiges Dinner. Bei Anna (1788–1861), der Herzogin von Bedford, stellte sich jedoch am Spätnachmittag stets ein flaues Gefühl in der Magengegend ein. Also begann sie auf ihrem Sommersitz Gäste einzuladen, für nachmittags etwa gegen fünf Uhr, denen sie Tee mit Sandwiches und Gebäck servierte. Da diese Einladungen sich großer Beliebtheit erfreuten, setzte sie sie im Winter in London fort und wurde bald von anderen Gastgeberinnen kopiert.

»Low und High Tea«

In dieser Zeit bildeten sich »Low« und »High Tea« als Mahlzeiten heraus, wobei »Low« der aristokratischen Teestunde entsprach, zu der ein leichter Imbiss am niedrigen Couchtisch serviert wurde, während »High Tea« zum Abendbrot der niederen Klassen wurde. »What's for tea?« heißt seitdem so viel wie »Was gibt's zum Abendbrot?«.

1717, am Beginn der georgianischen Periode – seit 1714 saß ein Hannoveraner, George I., auf dem britischen Thron –, eröffnete Thomas Twining seine erste Teestube für Damen, als Gegenstück zu den sich ausbreitenden Kaffeehäusern für Herren, aus denen sich im 19. Jahrhundert die berühmten Herrenklubs im Westend und in St. James entwickelten.

Ab dem 18. Jahrhundert begannen sich die Methoden der Landwirtschaft zu verbessern, die seit dem sechsten Jahrhundert keine wirklichen Fortschritte gemacht hatten. Man entdeckte zum Beispiel, dass Vieh sich hervorragend mit einer Diät von Rüben und den Überbleibseln aus der Rapsölpressung mästen ließ. Mussten bis dahin die Tiere noch zum Winteranfang geschlachtet werden, weil man sie sonst nicht über diese Jahreszeit gebracht hätte, ließen sie sich jetzt als lebende Vorratskammer halten.

Ein Pionier der wissenschaftlichen Landwirtschaft war Jethro Tull (1674–1741) aus Berkshire, der die englische Feldbestellung mit zwei Geräten revolutionierte: Die eine erleichterte das Jäten, die andere ermöglichte es, drei Reihen Samen gleichzeitig auszubringen. Auch wurde in der Zeit die Vier-Felder-Wirtschaft eingeführt.

Niedergang der Esskultur

Bereits seit Jahrhunderten war eine Entwicklung im Gang, die im 18. rasant an Geschwindigkeit zunahm: die der Einhegungen *(enclosures)*. Um 1600 war etwa die Hälfte des Landes mit Hecken oder Mauern umfriedet und dadurch klar als privater Grundbesitz ausgewiesen; der Rest war verpachtet oder wurde als Allmende genutzt. Nun aber wurde es möglich, sich dieses Land anzueignen, indem man einen Antrag stellte und binnen Jahresfrist den Grund einhegte, entweder durch eine Mauer oder durch eine Hecke. Das konnten sich nur Wohlhabende leisten. Erntearbeitern, die bis dahin ihre Kuh dort hatten grasen lassen und ein kleines Stück Land in Schrebergartenmanier bestellten, war damit eine wichtige Nahrungsquelle entzogen. Zwar waren schon zuvor viele Bauern als Tagelöhner auf großen Gütern tätig gewesen, hatten aber parallel dazu als Kleinbauern ihren »eigenen Boden« bebaut. Nach dem Verlust des Landes waren jedoch viele gezwungen, in die Städte zu ziehen und als Lohnarbeiter in der aufblühenden Industrie zu arbeiten. Andere packten ihr Hab und Gut und wanderten nach Amerika aus.

Laut der *Cambridge World History of Food* »verwaisten ganze Dörfer. Innerhalb einer Generation gingen Kochtechniken und Rezepte für immer verloren, da die fruchtbare Wechselbeziehung zwischen Scholle und Tisch (Quelle aller guten Küchen) durchtrennt worden war«.

Während die Bauern verarmten, nahm der Mittelstand wahre Fleischberge zu sich. In dieser Bevölkerungsschicht wurden etwa 67 Kilogramm Fleisch pro Kopf und Jahr gegessen, was in etwa der Menge entspricht, die heute ein durchschnittlicher Amerikaner konsumiert.

Die Verarmung des Volkes und der Küche

Im 18. Jahrhundert vereinfachten sich die Rezepte. Man überlud die Speisen nicht mehr in mittelalterlicher Manier mit Gewürzen, sondern bereitete vergleichsweise schlichte Saucen zu, die nur nach einer Zutat schmeckten: Petersilie, Anchovis, Senf oder Ähnlichem. Auch Blumen im Essen wurden unmodern. 1740 galten Roastbeef und Plumpudding als englisches Nationalgericht.

Überhaupt fungierten Puddings als die »Sättigungsbeilage« der Mittel- und Oberschicht. Brot wurde von den Ärmeren konsumiert, ab Mitte des 18. Jahrhunderts auch zunehmend helles Brot. Die gängigen Gemüse waren Kohl, Rüben und Möhren, der Kartoffelkonsum nahm zu. Rhabarber, im 17. Jahrhundert aus Italien eingeführt, landete immer häufiger im Kuchen.

Anfang des 19. Jahrhunderts bestand die Ernährung der ärmeren Schichten in erster Linie aus Porridge, Brot und Kartoffeln, dazu wurde starker, heißer Tee getrunken, der eine gewisse Wärme und Fülle vortäuschte. Eine der wenigen Abwechslungen im Speiseplan der armen Londoner bildeten die Austern. In Charles Dickens' *Pickwick Papers* (1837) heißt es: »It's a wery remarkable circumstance, Sir,« said Sam, »that poverty and oysters always seem to go together [...] the poorer a place is, the greater call there seems to be for oysters. Look here, sir; here's a oyster-stall to every half-dozen houses.« Allerdings war es ab 1850 mit diesen Leckerbissen vorbei. Durch Überfischung und Wasserverschmutzung selten und teuer geworden, avancierten Austern zum Luxus für diejenigen, die sie sich leisten konnten.

Zugleich fand eine zunehmende Institutionalisierung des Essens statt, vor allem Kinder wurden schon früh in Internaten an schlechtes Kantinenessen gewöhnt. Doch selbst die waren dort eher priviligiert: In den Städten starben fast die Hälfte aller Kinder an Unterernährung, bevor sie das sechste Lebensjahr erreichten.

In den 1830er und 1840er Jahren verschlechterte sich aufgrund sinkender Löhne die Situation der Arbeiter dramatisch, und die Kartoffelfäule, die in Irland die große Hungersnot (1845–1849) auslöste, wirkte sich auch auf England aus. In seiner *Lage der arbeitenden Klasse in England* beschreibt Friedrich Engels, was er bei seinem Aufenthalt in Manchester Anfang der 1840er Jahre beobachtete: »Die Arbeiter bekommen das, was der besitzenden Klasse zu schlecht ist. In den großen Städten Englands kann man alles aufs Beste haben, aber es kostet teures Geld, der Arbeiter, der mit seinen paar Groschen haushalten muss, kann so viel nicht anlegen. Dazu bekommt er seinen Lohn meist erst samstagabends ausgezahlt – [...] und so kommt er samstagabends um vier, fünf oder sieben Uhr erst auf den Markt, von dem während des Vormittags schon die Mittelklasse sich das Beste ausgesucht hat [...] Die Kartoffeln, die der Arbeiter kauft, sind meist schlecht, die Gemüse verwelkt, der Käse alt und von geringer Qualität, der Speck ranzig, das Fleisch mager, alt, zäh, von alten, oft kranken oder verreckten Tieren – oft schon halb faul.«

Ein gutes Jahrhundert später beschrieb George Orwell in *The Road to Wigan Pier* – Wigan ist eine Stadt in Lancashire und gehört heute zu Greater Manchester – die Ernährungsweise einer arbeitslosen Bergarbeiterfamilie: »The basis of their diet [Ernährungsweise] [...] is white bread and margarine, corned beef, sugared tea, and potatoes – an appalling diet.«

Aber nicht nur Engels und Orwell wurden auf die Lage der Ärmsten aufmerksam. Der Franzose Alexis Soyer, der 1831 als Koch des Herzogs von Cambridge nach England gekommen war und in mehreren adligen Häusern gekocht hatte, bevor er 1837 die Küche des Reform Club, eines berühmten britischen Klubs, übernahm, entwickelte eine Suppe für die Armen, bestehend aus 50 Gramm Fett, je 100 Gramm Fleisch, Zwiebeln, Rüben, 50 Gramm Lauch, 75 Gramm Sellerie, 350 Gramm Vollkornmehl, 225 Gramm Graupen, 75 Gramm Salz, 7 Gramm Zucker und 9 Litern Wasser. Und auch wenn diese Suppe nicht wirklich nahrhaft war, so trug sein Engagement doch viel dazu bei, die Upperclass aufzurütteln.

Ab Mitte des Jahrhunderts verbesserte sich die Ernährungssituation. Die Mittelschicht wuchs, aber auch die einfache Bevölkerung profitierte von den verbesserten Transportwegen, vor allem der Eisenbahn, die frische Lebensmittel und die neuen industriellen Produkte schnell im ganzen Land verteilte. 1864, so belegen Quellen, konnte sich ein Landarbeiter eine warme Mahlzeit in der Woche leisten und ein Handwerker dann und wann eine Hachse beim Bäcker braten lassen.

Durch die neuen Transportmöglichkeiten erreichten regionale Spezialitäten nationale Bekanntheit und wurden zunehmend populärer: vor allem Käsesorten wie Cheddar, Gloucester und Stilton oder Fischspezialitäten wie schottischer Räucherlachs oder eingesalzener Schellfisch aus Newcastle.

Von Bird, Heinz und OXO

In der zweiten Hälfte des 19. Jahrhunderts kamen Lebensmittel zunehmend aus industrieller Produktion. Bereits in den 1830er Jahren hatte ein Apotheker namens Alfred Bird ein eifreies Puddingpulver entwickelt – ursprünglich für seine Frau, die gegen Eier allergisch war. Als er es eines Tages Gästen vorsetzte, bemerkte er, dass es allgemein gut ankam. Und weil seine Frau auch keine Hefe vertrug, erfand er gleich noch das Backpulver. Noch heute wird Pudding *(custard)* in England meist aus *Bird's Custard Powder* zubereitet.

Von 1886 an führte auch ein gewisser Mr Heinz seine in Flaschen abgefüllte Tomatensauce in England ein. Es gab Margarine, Trocken- und Kondensmilch, Käse wurde fabrikmäßig hergestellt, Gemüse getrocknet, und Tütensuppen eroberten den Markt. Der deutsche Chemiker Justus Liebig entwickelte ein Verfahren, um Fleischextrakt herzustellen – das dann in riesigen Mengen in Uruguay und Argentinien produziert und weltweit vertrieben wurde, in England bis heute unter dem Markennamen OXO. Doch die Briten verdanken Liebig noch etwas viel »Britischeres«: *Marmite* (Seite 65).

Im viktorianischen England verfeinerten sich die Manieren. Man wischte sich nicht mehr den Mund mit einer Serviette ab, sondern tupfte nur noch; man sprach nur mehr mit seinem Tischnachbarn, nicht mehr quer über den Tisch, was die Blumenarrangements zusätzlich erschwerten.

Die Essenszeiten der Mittelschicht verschoben sich aufgrund des geänderten Tagesablaufs. Der Herr des Hauses ging ins Büro, also musste das Frühstück früher eingenommen werden; nach der Arbeit schaute er in seinem Klub vorbei, also verzögerte sich das Dinner, das dann erst um acht, neun oder gar um zehn Uhr abends stattfand.

Ende des 19. Jahrhunderts verfügte auf den Britischen Inseln einer von vier Haushalten über einen Herd. Kühlschränke tauchten erst vereinzelt auf. Sie bestanden aus einem Holzkasten, in den ein Block Eis gelegt wurde, der dann langsam vor sich hin schmolz und mit der Kälte, die er dabei abgab, die Vorräte kühlte. Und eine weitere Erfindung, im heutigen England unentbehrlich, gesellte sich 1900 hinzu: der elektrische Wasserkessel, der in jedem Haushalt und jedem Hotelzimmer steht, damit man sich jederzeit seine *cuppa* zubereiten kann, die obligatorische Tasse Tee.

Da Großbritannien zunehmend von Nahrungsmittelimporten abhängig wurde (75 Prozent des Getreides kamen beispielsweise aus Übersee), kam es im Ersten Weltkrieg zu Engpässen bei der Versorgung mit Lebensmitteln. Durch diese Erfahrung war man jedoch auf die Situation im Zweiten Weltkrieg besser vorbereitet: Sogar Windsor Great Park wurde umgepflügt und in das größte Weizenfeld Britanniens verwandelt. Auch nahm die Zahl der *allotments* zu, das Gegenstück zum deutschen Schrebergarten.

Lebensmittelketten kamen bereits in der zweiten Hälfte des 19. Jahrhunderts auf, John Sainsbury eröffnete seinen ersten Laden 1869. Ende der zwanziger Jahre gehörten 20 Prozent der 80.000 Lebensmittelgeschäfte einer Kette an. 1949 eröffnete Tesco, 1931 von Jack Cohen gegründet, den ersten Selbstbedienungs-Supermarkt nach amerikanischem Vorbild.

Rationierung bis 1954

Ab 1940 wurde rationiert; zunächst nur Speck, Schinken, Zucker und Butter, bald folgten Fleisch, Tee, Margarine, Fett zum Kochen und Käse. 1941 kommen Marmelade, Sirup, Süßigkeiten, Eier und Milch dazu. Konkret hieß das: ein Ei pro Woche (falls es welche gab) plus ein Päckchen Trockenei (12 Stück) pro Monat, wöchentlich 1,8 Liter Frischmilch (sofern vorhanden, sonst nur 1,2 Liter), alle zwei Monate ein Glas Marmelade

(450 Gramm), 100 Gramm Speck und Schinken, 50 Gramm Käse (oder mehr, wenn reichlich vorhanden war) ... Außerdem erhielt jede Person 16 Punkte zur freien Verwendung, um sich kleinere Extras zu gönnen (so sie denn erhältlich waren): zum Beispiel eine Dose Fisch, 900 Gramm Trockenfrüchte oder 3,5 Kilogramm getrocknete Erbsen. Schwangere und Kinder erhielten zusätzlich Lebertranrationen.

Das Ende des Krieges brachte, wie auch in Deutschland, zunächst keine Erleichterung, sondern im Gegenteil eine Verschärfung der Ernährungssituation. Besonders die Kinder hatten darunter zu leiden: Ihre Ration an Süßigkeiten wurde auf 175 Gramm im Monat gekürzt. Im Juli 1946 wurde Brot rationiert, und nach einem harten Winter im Folgejahr traf es auch noch die Kartoffeln. Dafür kam unrationiertes Walfleisch auf die Speisekarten, und das Ernährungsministerium ermutigte die Briten, zu Pferdefleisch zu greifen – keine sehr populäre Maßnahme. Um Hausfrauen Anregungen zu geben, was mit den spärlichen Lebensmitteln anzufangen sei, wurde montags bis freitags nach den Acht-Uhr-Morgennachrichten die fünfminütige Sendung *The Kitchen Front* ausgestrahlt. Zwar trat auch 1948 noch keine wirkliche Verbesserung ein, doch durfte man sich jetzt wieder seinen Toast dick mit Konfitüre bestreichen, und zu Weihnachten gab es zum ersten Mal wieder Mandeln. Im Mai 1954 wurden Fette von der Rationierung ausgenommen und im Juni schließlich auch das Fleisch.

Die Kochbuch-Pionierin

Gleichzeitig aber regte sich ein neuer, zarter Trend, der allerdings 40 Jahre brauchen würde, um sich durchzusetzen: Eine junge Engländerin namens Elizabeth David hatte einen Teil der Kriegsjahre in Südfrankreich, Griechenland, Ägypten und Indien verbracht. Als sie im August 1946 nach England zurückkehrte, fand sie sich in einer kulinarischen Wüstenei wieder. Zur eigenen Aufmunterung begann sie die Rezepte der Gerichte aufzuschreiben, die sie in den letzten Jahren fern der Heimat genossen hatte. Als sie die Sammlung jedoch 1949 einigen Verlegern anbot, reagierten diese nur mit: »Was für eine absurde Idee, ein Kochbuch zu schreiben, wenn wir nicht einmal die Nahrungsmittel haben, um damit zu kochen« – alle außer einem, der es verlegte. *A Book of Mediterranean Food* hat seit 1950 etliche Auflagen erlebt, andere Bücher folgten, und als Elizabeth David 1992 starb, galt sie längst als die große kulinarische Autorin Englands.

1988 erinnerte sie sich in einem Vorwort: »Als ich 1947 anfing, die Rezepte für dieses Buch zusammenzustellen, geschah das weniger in Gedanken an eine zukünftige Publikation als vielmehr als persönliches Gegenmittel gegen die trostlosen Bedingungen und akute Nahrungsmittelknappheit im Nachkriegsengland. Wenn ich an jene Tage zurückdenke, als Fleisch, Butter, Käse, Zucker, Eier, Speck, Milch und sogar Kekse, Süßigkeiten und Schokolade rationiert und frisches Obst und Gemüse rar, Zitronen, Orangen und Tomaten so selten wie Diamanten waren, Dinge wie Olivenöl, Reis und importierte Pasta nur als exotische Erinnerungen existierten und man für frischen Fisch Schlange stehen musste, dann wird mir klar, dass es Trotz war, der mich diese mediterranen Rezepte niederschreiben ließ.«

Zaghafte Neuanfänge: The Prawn Cocktail Years

In den fünfziger Jahren begann das Interesse an der eigenen, englischen Küche wiederzuerwachen. Dorothy Hartley schrieb ihr monumentales *Food in England*, in dem sie weniger Rezepte präsentierte als eher das, was seit dem Mittelalter gegessen und wie es zubereitet wurde. 1974 lieferte Jane Grigson, die sich wohl wie keine Zweite um die englische Küche verdient gemacht hat, in ihrem *English Food* Rezepte, zehn

Jahre später folgte *The Observer Guide to British Cookery*, ein regionales Kochbuch.

1979 schrieb Jane Grigson in der Einleitung zu *English Food*: »Die englische Küche – historisch gesehen und direkt im Mund – ist wesentlich vielfältiger und köstlicher, als unser masochistisches Gemüt es zugeben will [...] Was uns in der Öffentlichkeit vorgesetzt wird, ist nicht so sehr eine schlechte englische Küche als vielmehr eine prätentiöse und minderwertige Imitation der französischen oder italienischen Küche [...] Trotz allem verfügt die englische Köchin über ein wunderbares Erbe, wenn sie sich die Mühe macht, es tatsächlich zu nutzen.«

BSE, Maul-und-Klauen-Seuche und die Folgen

Mitte der achtziger Jahre kam es zu einer Katastrophe: 1986 wird bei zehn Rindern in Kent BSE (Bovine Spongiforme Enzephalopathie) diagnostiziert. 1988 zählt man 2.225 Fälle. Doch Politiker und Öffentlichkeit reagieren langsam, man nimmt die Gefahr nicht wirklich ernst. 1990 (14.407 Fälle) isst der damalige Landwirtschaftsminister John Gummer mit seiner kleinen Tochter öffentlich einen Hamburger. 1992 (37.280 Fälle) der Höhepunkt der Krise: Drei von 1.000 britischen Kühen haben BSE. In jenem Jahr habe ich in England eine Postkarte gekauft, auf der zwei Bauern an einem Weidezaun lehnen und einer Herde friedlich grasender Kühe zusehen. Eine von ihnen stapft im Napoleon-Outfit über die Weide. Meint der eine Bauer zum andern: »Was ist denn mit der los?« – »Ach, nichts weiter. Nur ein kleiner Anfall von Rinderwahnsinn.« 1995 (14.562 Fälle) der erste Todesfall aufgrund der Creutzfeld-Jakob-Krankheit (CJK). 1996 (8.149 Fälle) sterben in England zehn Menschen an CJK, ein Zusammenhang mit BSE gilt als wahrscheinlich. Ab 1997 (4.393 Fälle) kann man in England Rindfleisch am Knochen nicht mehr kaufen. Über den Bildschirm flimmern Bilder von schwankenden Kühen, Bulldozer schaufeln Berge von Rinderleibern in die

Verbrennungsanlage: Über 4,5 Millionen Rinder werden notgeschlachtet. Bis November 2005 sterben 152 Menschen an CJK.

BSE hat viel dazu beigetragen, dass die Briten anfingen, über Ernährung und wie sie produziert wird nachzudenken. Man wollte wieder wissen, woher die Nahrung kommt. Die ökologische Landwirtschaft erzielte ungeahnte Wachstumsraten.

Aber der eigentliche Schock stand den Briten noch bevor: 2001 breitet sich *foot and mouth*, die Maul-und-Klauen-Seuche, wie ein Buschfeuer im ganzen Land aus: der erste Fall im Februar 2001 in einem Schlachthof in Essex im Südwesten, der zweite vier Tage später in Northumberland, im äußersten Nordosten des Landes. Und diesmal ging es nicht nur um ein eingeschränktes Angebot beim Fleischer oder um Fernsehbilder, die man wegzappen konnte. Diesmal traf es fast jeden, das ganze Land war praktisch mit Straßensperren übersät. Nicht nur die Bauern, auch die Tourismusindustrie war betroffen. Die meisten Fälle traten im Lake District im Nordwesten auf, einer der schönsten, unberührtesten Landschaften Englands.

Fast Food

Der heutige englische »Essalltag« ist stark amerikanisch beeinflusst. Selbst den Schulkindern wird mittags als warmes Essen in der Schule Fast Food zum Aufwärmen angeboten. Starkoch Jamie Oliver hat sich der Missstände angenommen und versucht, dem Kantinenpersonal zu zeigen, wie man mit (relativ) wenig Geld gesundes, leckeres Essen vor Ort zubereitet. Vor die Wahl zwischen Jamie's Lunch oder Frikadellen in Teddybärform gestellt, greifen leider nicht alle zur gesunden Alternative. Auch gibt es bereits protestierende Eltern, die auf Klagen der Kinder hin die Wiedereinführung des allgegenwärtigen Fertigessens verlangen. Denn auch die Erwachsenen, und nicht nur die Berufstätigen, tendieren zunehmend zum *grab a bite* oder *grab a sandwich*.

Fertige Mahlzeiten zum Sofortverzehr sind immer und überall erhältlich. Die Regale in Supermärkten, Sandwichshops und selbst in Bioläden quellen über. Nach dem Mittagessen ist dann erst einmal ein Haufen Plastikverpackungen zu entsorgen. Abends nimmt die Familie gemeinsam ein warmes Abendessen zu sich. Hauptmahlzeit der Woche ist und bleibt jedoch das Sunday Lunch.

Der Koch-Boom: Von fetten Ladys und nackten Köchen

Kochshows waren von Anfang an ein fester Bestandteil der britischen Fernsehkultur und so exzentrisch, wie es nur in Großbritannien möglich scheint: Fanny Craddock betrat im Nerz die Bühne der Royal Albert Hall und briet vor den Augen des Publikums im Konzertsaal und zu Hause vor den Bildschirmen einen Truthahn; Graham Kerr hüpfte in den sechziger Jahren als *The Galloping Gourmet* durchs Fernsehstudio. Das Lieblingsessen der Engländer in dieser Zeit, wenn sie außer Haus aßen, bestand aus *Shrimp Cocktail, Steak Garni* und Schwarzwälder Kirschtorte.

In den achtziger Jahren setzte in kulinarischer Hinsicht eine Wende ein. Die Restaurants wurden anspruchsvoller, die Fernseh-Kochshows interessanter, allen voran die eines gewissen Keith Floyd, der in seinen Sendungen bekannten Köchen in die Töpfe und selber tief ins Rotweinglas schaute. Internationale Köchinnen und Köche betraten das Fernsehparkett: Madhur Jaffrey zeigte den Zuschauern, wie man die Gerichte ihrer Heimat Indien zubereitet, und Ken Hom lehrte die Briten, mit dem Wok umzugehen. Und natürlich erschien zu jeder Sendereihe das entsprechende Buch.

Ich sammle Kochbücher, je ungewöhnlicher, desto willkommener. Als ich Weihnachten 1999 ein Paket mit einem Aufkleber der wunderbaren Londoner Kochbuchhandlung *Books for Cooks* und den Worten »Meine Neffen fahren total drauf ab« geschenkt bekam, war ich, gelinde gesagt, misstrauisch. Kulinarisches Interesse war mir an den jungen Herren bisher nicht aufgefallen. Als ich das Buch auspackte und auf dem Umschlag einen etwas pickligen Jüngling sah, wurde ich skeptisch. Dies verstärkte sich, als ich die Überschrift las: *The Naked Chef*, der nackte Koch. Sollte ich mir beim Kochen einen Spätpubertierenden im Adamskostüm angucken?

Auch wenn er, vielleicht zum Bedauern mancher Hausfrau, das ganze Buch hindurch vollständig bekleidet ist, Jamie Oliver ist ein Phänomen. Er hat eine Generation junger englischer Männer an den Kochtopf gelockt, und zwar nicht mit Fast Food aus der Dose, mit Lebensmittelextrakten oder Mikrowelle, sondern mit leckeren, frisch zubereiteten Zutaten.

So exzentrisch wie die Engländer sind auch ihre Kochbuchautoren:

• Delia Smith, die die makellose Göttin der englischen Küche gibt. Sauber gewandet steht sie in der weißen Küche ihres Hauses und erklärt dem Fernsehpublikum mit stoischer Ruhe, wie man ein Ei korrekt aufschlägt. Und wenn die englische Hausfrau einmal nicht weiß, wie sie etwas zubereiten soll, so schlägt sie es bei Delia nach. Doch Delias erste Liebe gilt nicht dem Essen, sondern – dem Fußball.

• *Two Fat Ladies*, die rauchend, trinkend und schlemmend auf Motorrädern durch die Gegend brausen – oder brausen würden, wenn eine von ihnen nicht das Zeitliche gesegnet hätte. Der Legende nach ist sie friedlich nach einer Kaviar-Mahlzeit eingeschlafen.

• Nigella Lawson, die gut aussehende Tochter von Margaret Thatchers Finanzminister, die sich durch ihre wunderbaren Bücher plaudert und dabei jeder jung-dynamisch-berufstätigen Mutter zwischen 30 bis 50 aus tiefster Seele spricht. In ihren Fernsehsendungen wendet sie sich an ihre Zuschauerinnen und Zuschauer, als stünde sie neben ihnen in der Küche.

• Hugh Fearnley-Whittingstall, der mir zuerst in einer Fernsehsendung auffiel, deren Thema war, sich im und vom Wald zu ernähren. In jener Sendung fing er Eichhörnchen, häutete und briet sie.

• Gary Rhodes, ein hyperaktiver Mittvierziger mit igeliger Punkfrisur, der umgeben von entzückten Damen jenseits der 60 durch die Lande fährt, Spezialitäten ausfindig macht und vor Ort zubereitet.

• *The Hairy Bikers*, zwei gestandene Burschen auf Motorrädern, die durch ausgesuchte Regionen der Welt brausen – für ihre erste TV-Staffel durch Namibia, Irland und Transsylvanien.

Eine 2006 durchgeführte Umfrage unter Engländern, Franzosen und Deutschen, die jünger als 35 waren, ergab, dass 53 Prozent der Briten gern oder sehr gern selber kochen, im Gegensatz zu Franzosen (40 Prozent) und Deutschen (39 Prozent). Für die Männer fiel das Ergebnis noch positiver aus: 54 Prozent zu 49 bzw. 25 Prozent.

Internationale Küche

Bereits Ende des 19. Jahrhunderts eröffneten in London die ersten indischen Restaurants, doch zunächst nur in den wohlhabenderen Gegenden, wo sie aus Indien zurückgekehrte britische Offiziere bedienten. Das älteste noch existierende indische Restaurant, 1926 gegründet, ist das Veeraswarmy in der Regent Street in London. Die eigentliche Verbreitung der asiatischen Küche setzte aber erst nach dem Zweiten Weltkrieg mit der Einwanderung aus Indien und Pakistan in den fünfziger und sechziger Jahren ein. Die Immigranten ließen sich in den großen, industriellen Ballungsgebieten nieder. Die vielen preiswerten Restaurants und Imbisse, die im Zuge dieser Einwanderungswelle eröffneten, waren zunächst nur zur Versorgung der eigenen Landsleute gedacht, doch immer mehr Engländer fanden Gefallen an der exotischen Küche, sodass Currys heute zu den Standardgerichten in England zählen.

Die Situation der chinesischen Küche ist ähnlich. Zwar lebten schon im 19. Jahrhundert Chinesen in England, und die ersten Restaurants, die auch von Nicht-Chinesen frequentiert wurden, gab es Anfang des 20. Jahrhunderts. Aber erst nach dem Zweiten Weltkrieg wurde der chinesische Take-away zu einer alltäglichen Erscheinung im englischen Straßenbild.

Den wichtigsten Nachkriegseinfluss aber übte, wie auch in Deutschland, die italienische Küche aus, hier wie dort eher durch häufige Reisen als durch Einwanderung ausgelöst. Im Gegensatz zur französischen und den asiatischen Küchen wurde die Zubereitung italienischer Speisen auch zu Hause praktiziert, was sicher damit zu tun hat, dass weniger exotische Zutaten benötigt werden und sie bei Kindern beliebt sind. Pizza und Spaghetti mit Tomatensauce sind einfach nicht mehr vom Speiseplan wegzudenken.

Die französische Küche war in England immer eine gehobene Restaurantküche. Könige beschäftigten französische Köche, Alexis Soyer stand in den 1830er Jahren der Küche des Reform Club vor (wo er unter anderem zur Krönung von Queen Victoria 1838 ein Frühstück für 2.000 Gäste ausrichtete), und George Auguste Escoffier war in den 1890er Jahren Chefkoch im Londoner Savoy.

Sitten und Bräuche

Der Jahresrhythmus

Das Sonnenjahr wird von vier wichtigen Daten in seine Jahreszeiten unterteilt: der Winter- und der Sommersonnenwende sowie den Tagundnachtgleichen im Frühjahr und Herbst. Doch nicht nur diese Daten waren in früheren Zeiten bedeutend, sondern auch jene, die die Quartale wiederum halbierten. Der erste »Zwischentag« im neuen keltischen Jahr war Samhain, das genau zwischen der Herbst-Tagundnachtgleiche und der Wintersonnenwende lag. Die Kelten begannen ihre Festtage immer in der Abenddämmerung, gefeiert wurde also am Vorabend, am Eve. Samhain markierte das Ende des Sommers und läutete für die Kelten, soweit wir wissen, auch das neue Jahr ein. Die letzte Apfel- und Nussernte wurde eingebracht, die Tiere wurden von den Sommerweiden in die Winterunterkünfte getrieben, und die Bevölkerung brachte ihren Toten Speisen dar. In der christlichen Religion wurde der Tag zu All Saints oder auch All Hallows (Allerheiligen) umgedeutet, der Abend davor war der All Hallows's Eve, Halloween. In der keltischen Mythologie glaubte man, dass in diesen dunklen Tagen die Geister der Verstorbenen auf der Erde wandelten. Um sich vor ihnen zu schützen, verkleidete man sich auf möglichst grässliche Weise, in der Hoffnung, die bösen Geister würden einen für ihresgleichen halten und einen in Ruhe lassen. Die Gänse, die um diese Jahreszeit ihren Flug in den Süden antreten und in großen Schwärmen Schreie ausstoßend vorbeirauschen, hielt man für die Seelen der Verstorbenen.

Samhain

Es war Brauch, Runkelrüben (große Steckrüben) auszuhöhlen, Kerzen hineinzustellen und damit den Weg zum Erntefest zu beleuchten. Dieser Brauch wanderte über Irland in die USA aus und fand so in den letzten Jahren des 20. Jahrhunderts in Form von Kürbissen seinen

Weg zurück nach Mitteleuropa. An Allerheiligen schließt sich Allerseelen an, und schon die Kelten leiteten ihr neues Jahr mit einem drei Tage währenden Fest ein.

Auch wurden *bonfires* abgebrannt, vergleichbar den Oster- oder Sonnenwendfeuern. Allerdings hat sich dieser Brauch im modernen England auf den 5. November verschoben, die Guy Fawkes oder Bonfire Night. Neben speziellen *All Souls Cakes*, die man den Verstorbenen zur Stärkung auf die Gräber legte (bzw. an die Armen verteilte), vergrub man auch Äpfel, um seinen Lieben im Jenseits etwas Besonderes zukommen zu lassen.

Candlemas

Der zweite Zwischentag ist Candlemas, der 2. Februar, an dem die Kirchenkerzen für das kommende Jahr geweiht werden. Im Volksglauben ist es auch der Tag, an dem die Tiere ihren Winterschlaf unterbrechen und den Kopf herausstrecken, um nachzusehen, wie es denn um das Wetter steht. Ist es sonnig, erschrecken sie vor ihrem Schatten und verziehen sich wieder in ihre Höhle, ist es trübe, bleiben sie draußen, und die Menschen glauben an einen zeitigen Frühlingsanfang.

Beltane und Lammas

Der dritte Zwischentag markiert den Beginn der nächsten Jahreszeit: Beltane, der 1. Mai, ist für die Kelten der Anfang des Sommers. Der vierte Zwischentag schließlich ist Lammas, das Fest der Weizenernte bzw. des Erntebeginns. Früher war es üblich, dass die Pächter dem Lord ein Brot darbrachten, frisch gebacken aus der neuen Ernte. Heute nimmt man ein solches Brot mit in die Kirche.

Das eigentliche Erntedankfest, das Harvest Festival, fällt auf den Herbstmond, den Vollmond im September. *Harvest*, im modernen Englisch Ernte, kommt von dem alten angelsächsischen Wort *haerfest*, was so viel wie Herbst bedeutete. Aus Anlass des Harvest Festivals fertigte man Strohpuppen, *corn dollies*, in denen dann über den Winter die Korngeister hausten, die nach dem Abmähen des Feldes obdachlos geworden waren. Mit dem ersten Pflügen im Frühjahr pflügte man die *corn dollies* wieder unter. Die berühmteste Beschreibung dieses Rituals findet sich in dem alten Volkslied »John Barleycorn must die«, das den Werdegang der Gerste vom Samen bis ins Glas beschreibt – schließlich ist »Johann Gerstenkorn« unverzichtbar für die Herstellung von Bier und Whiskey. Eine Version der Ballade stammt von dem schottischen Dichter Robert Burns (*Poems chiefly in the Scottish dialect*, 1787):

»They took a plough and plough'd him down,
Put clods upon his head,
And they hae sworn a solemn oath
John Barleycorn was dead.
But the cheerfu' spring came kindly on,
And show'rs began to fall;
John Barleycorn got up again,
And sore surprised them all.«

Sie nahmen einen Pflug und pflügten ihn unter,
legten Schollen auf seinen Kopf
und schwor'n feierlichen Eid
John Barleycorn war tot.
Doch der heit're Lenz kam freundlich herbei
und Schauer zogen heran
John Barleycorn erhob sich wieder
und erstaunte jedermann.

Darüber hinaus kennt das Kirchenjahr natürlich zahlreiche weitere Feste und Bräuche an den Namenstagen der Heiligen, die meist auf landwirtschaftliche Gewohnheiten zurückgehen, die den Arbeitstag der Bauern regelten. Nicht alle der früher begangenen Festtage werden heute noch gefeiert; viele fegte die Reformation hinweg.

So begann am 11. November, St. Martin's, das Schlachten für den Winter, denn aus Futterknappheit ließ man nur die kräftigsten Tiere überleben; altes, krankes und zu junges Vieh wurde buchstäblich verwurstet. In der Landwirtschaft war zu diesem Zeitpunkt mehr oder weniger das Jahressoll erreicht, und es war an der Zeit, sich um anderes zu kümmern: Pachtverträge wurden verlängert, Schulen und das Parlament eröffnet. Übrigens ist zu Martinmas auch in England Gänsebraten angesagt, angeblich weil Martin, als er zum Bischof von Tours ernannt wurde, sich nicht für würdig befand, dieses Amt zu bekleiden, und sich in einem Gänsestall versteckte. Allein das Geschnatter seiner Gastgeber verriet ihn, und seitdem wird – aus Rache? – Gänsebraten gegessen.

Am 20. November, St. Edmund's, sollte man die Bohnen und den Knoblauch für das nächste Jahr pflanzen. Mägde und Knechte hatten ein paar Tage frei, um ihre Familie zu besuchen. Auch das amerikanische Erntedankfest, ein großes Familienfest, fällt in diese Zeit, auf den vierten Donnerstag im November. Waren ihre Verträge gerade ausgelaufen – Arbeitsverhältnisse dauerten meist von Oktober bis Oktober –, hatten sie die Möglichkeit, sich auf einem der in dieser Zeit stattfindenden *Hiring Fairs* einen neuen Job zu suchen. Zu einem solchen »Arbeitsmarkt« ging man im besten Sonntagsstaat. Um zu zeigen, welche Fähigkeiten man besaß, trug man ein Werkzeug seines Handwerks bei sich, sodass der potenzielle Arbeitgeber sofort wusste, was man ihm zu bieten hatte. Wurde man sich einig, so erhielt der Arbeitsuchende einen kleinen Obolus, mit dem er sich für den Rest des Tages an den Buden mit Speis und Trank versorgen konnte, bevor er abends auf dem Hof die neue Arbeitsstelle antrat. Hatte man keine besondere Qualifikation, trug man einen Mopp, weswegen diese Märkte im Volksmund auch *Mop Fairs* hießen. Heute läuft die Arbeitsvermittlung in anderen Bahnen, und die noch existierenden *Mop Fairs* haben sich in Rummelplätze verwandelt. In Stratford wird ein Schwein am Spieß gebraten und die erste Scheibe Fleisch der Tradition gemäß für einen guten Zweck versteigert.

Zur Ehren St. Catherine's – sie weigerte sich, einen heidnischen Fürsten zu ehelichen, und wurde deswegen gerädert – gingen Kinder am 25. November von Haus zu Haus, *caterning*, das heißt, sie baten um Bier und Äpfel. Auch Kinder tranken im Mittelalter Bier, da es bekömmlicher war als das nicht abgekochte Wasser. Da Catherine für ihre Gelehrsamkeit berühmt war, zogen sich Frauen Männerkleidung an und wurden von ihren Mitbürgern mit einem Drink aus warmem Bier, Eiern und Rum bewirtet. Zu essen gab es *Cattern Cakes* (aus Brotteig mit Kümmel, Zucker und Eiern) und *Wigs*, ein Gebäck aus Mehl, Sauermilch, Butter und Ingwer.

Advent

Der letzte Sonntag vor dem ersten Advent war der *Stir-up Sunday*, an dem das Weihnachtsgebäck in Angriff genommen wurde.

Auf den 30. November fällt das Fest St. Andrews. Früher fand an diesem Tag eine Eichhörnchenjagd statt, man trank Holunderwein, und in manchen Gegenden wie Bedfordshire gehörte neben *Brunswick Stew*, einem Eichhörnchen-Bohnen-Eintopf, *Tandra Cake*, ein Gewürzkuchen, auf den Speiseplan.

St. Nicholas, der auf dem Kontinent die Kinder mit Süßem beglückt, kennt man in dieser Form auf den Britischen Inseln nicht. In früheren Zeiten gab es ein Fest für Kinder, entweder an Nikolaus oder am 28. Dezember, Holy Innocents Day oder Childermas (der Tag, an dem Herodes die Kinder umbringen ließ). Dabei wurde ein Junge zum Bischof gekürt und durfte Befehle erteilen. Aber dieser Brauch wurde wegen tumultartiger Ausschreitungen bereits im Mittelalter verboten.

Vier Tage vor Weihnachten gingen arme Frauen und Kinder *a-thomassing*, das heißt, sie klopften an Türen und baten um Getreidespenden für die Weihnachtszeit.

Weihnachten

Anders als bei uns ist Heiligabend kein festliches Ereignis. Religiöse Familien besuchen allerdings die Mitternachtsmesse. Die Geschenke werden am Morgen des 25. Dezember, am Christmas Day, ausgepackt. Danach gibt's Frühstück, und am Nachmittag versammelt sich die Familie zum Festessen. Traditionell gibt es Turkey.

Am Boxing Day, dem 26. Dezember, war es früher in Wales Brauch, junge Mädge oder ersatzweise denjenigen, der als Letzter aufstand, oder aber auch die Tiere auf dem Bauernhof mit Stechpalmenzweigen zu schlagen, bis sie bluteten. Das sollte ihrer Gesundheit dienen und ihre Widerstandskraft erhöhen. Doch seit Ende des 19. Jahrhunderts gilt dieser Brauch als ausgestorben. Ist der erste Weihnachtstag der Familie vorbehalten, so trifft man sich in England am Boxing Day mit Freunden, geht zum Fußball – es ist ein normaler Spieltag der Premier League – oder zu den *sales*, denn die Geschäfte setzen nach Weihnachten die Preise herunter. Früher begab man sich auch auf die Jagd auf *wrens*, Zaunkönige, die man dann als Glücksbringer vom Gürtel baumeln ließ. Auf der Isle of Man besteht bis heute der Brauch, dass Kinder Kartoffeln mit Federn spicken – eine Nachahmung des Zaunkönigs.

An Weihnachten werden noch heute die Türen mit *mistletoe* (Mistel) und *holly* (Stechpalme) dekoriert. Die Mistel schützt vor dem Bösen, die Stechpalmenzweige stehen für das ewige Leben. In Wales war es am 25. Dezember auch Brauch, und ist es mancherorts noch heute, zwischen drei und sechs Uhr früh *Plygain* (wörtlich Tagesanbruch), die Morgenmesse, zu besuchen, um dort bei Kerzenschein Weihnachtslieder zu singen. Meist gingen die Männer zur Messe, während die Frauen zu Hause Gänse- oder Rinderbraten und die Kinder *Treacle Toffee* zubereiteten. Danach begann der Festtag damit, dass *Welsh Rabbit* (siehe Seite 160) gegessen und mit reichlich Ale hinuntergespült wurde.

Am 26. beginnen die 12 Days of Christmas, die mit dem Dreikönigstag (Epiphanias) am 6. Januar enden. In Wales nannte man diese Tage früher auch Omentage: Ein jeder stand für das Wetter in einem Monat des kommenden Jahres. In diesen knapp zwei Wochen durften sich auch früher keine Räder drehen, ein Zeichen des Stillstands der Zeit zwischen den Jahren.

In Wales endete die Weihnachtszeit mit Mari Lywd. Dabei kam ein skelettierter Pferdekopf zum Einsatz, der mit falschen Ohren und Augen beklebt und mit Glöckchen bestückt wurde. Der Kopf wurde auf eine unter einem Laken verborgene Stange gespießt und von jungen Männern mit geschwärzten Gesichtern herumgetragen. Sie klopften an Türen, sagten Verse auf und versuchten in das Haus einzudringen. Gelang es ihnen, trieben sie dort so lange Schabernack, bis sie mit Speise und Trank besänftigt wurden.

Nach dem 6. Januar normalisierte sich das Leben wieder. Die Frauen kehrten ans Spinnrad zurück, und am Montag nach Epiphanias, dem Plough Monday, wurden die Pflüge mit bunten Bändern geschmückt und gesegnet.

Die Fastenzeit näherte sich. Am Collop Monday, unserem Rosenmontag vergleichbar, wird traditionell ein großes Stück Fleisch verzehrt, das letzte vor Ostern, oft auch eine dicke Scheibe Speck mit Eiern. Am Pancake Tuesday wurden die letzten Eier in Pfannkuchen verwandelt. Hühner hatten auch allerhand grausame Rituale zu erleiden: So wurde ein Hahn, der *Shrovetide Cock*, gesteinigt oder *Cock Throwing* (Hahnenwerfen) oder *Hen Thrashing* (Hennenprügeln) veranstaltet.

Ostern

Ostern fällt auf den Tag des ersten Vollmonds im Frühling. Am Palmsonntag vor dem Osterfest werden in Wales die Gräber geschmückt. An verschiedenen Orten in England wird in den Kirchen Essen an die Bedürftigen verteilt. Zu Ostern veranstaltet man natürlich für die Kinder eine *Easter Egg Hunt*, die auch uns bekannte Ostereiersuche, aber auch *Egg Rolling*, einen Wettbewerb, bei dem Kinder bemalte hart gekochte Eier steile Abhänge herunterkullern lassen. Für die Vergabe der Punkte spielt eine Rolle, wie stark beschädigt das Ei ist und welches am weitesten gerollt ist, aber auch, ob es ein bestimmtes Ziel erreicht hat. Ein alter Brauch, den die Calder Valley High School in West Yorkshire nach dem Zweiten Weltkrieg wiederbelebt hat, ist das *Egg Pacing*. Dabei geht eine Gruppe von verkleideten Personen herum, von denen einer einen Korb trägt und versucht, den Zuschauern Eier und anderes zu entlocken. Sind die Herumziehenden mit ihrer Beute zufrieden, führen sie ein Stück auf.

Hocktide (verwandt mit dem deutschen Wort Hochzeit) wird am zweiten Dienstag nach Ostern in Hungerford (Berkshire) gefeiert, ein Fest, bei dem es ursprünglich um Fischerei- und Weiderechte ging. Unter anderem zieht ein *Orangeman* durch die Hauptstraße, heimst Küsse von den Anwohnerinnen ein und überreicht ihnen dafür eine Orange.

Pubs

Pub ist eine Abkürzung und steht für *Public House*, also eine öffentliche Einrichtung. Im Zuge der industriellen Revolution, als auch größere Brauereien entstanden, entwickelten sich zwei Typen von Pubs: die *Free Houses* und die *Tied Houses*. Letztere sind an eine Brauerei gebunden und müssen deren Bier verkaufen, während das *Free House* jedes Bier anbieten darf. Heutzutage ist es aber auch in den *Tied Houses* üblich geworden, ein monatlich wechselndes *Guest Beer* auszuschenken.

Pubs sind, vor allem auf dem Dorf und in kleineren Städten, äußerst kommunikative Orte. Auch als Tourist kommt man am Tresen leicht mit einem der *regulars*, der Stammgäste, ins Gespräch. Am einfachsten passiert das tatsächlich über das Wetter, allerdings darf man sich als Mitteleuropäer nicht wundern, wenn der Dorffleischer über seinem Bitter das kühle, feuchte Augustwetter *»phantastic«* findet und Gott dafür dankt, dass *»the awful heat wave«*, das herrlich warme Sommerwetter, vorbei sei. Neben Kommentaren zu Fußball und EU-Richtlinien, zu Agrar- und Fischereipolitik hört man aber auch immer wieder Geschichten von Poltergeistern und Gespenstern, die in alten Gemäuern lauern: mal ein kopf- und rastloser Gutsherr in Wales, mal ein Mönch in den Cotswolds, der sich auf dem Kirchturm erhängt hat und den man in Vollmondnächten baumeln sieht – aber nur, nachdem man zwölfmal um die Kirche gelaufen ist. Wie viele Pints man zuvor getrunken haben muss, wird nicht erwähnt ... Begleitet werden diese Schilderungen von einem wohligen Schaudern des Erzählers.

Auf reisende Familien wartet mitunter eine Enttäuschung. Kinder, vor allem kleinere, finden nicht überall Einlass. Dabei spielt die Sorge, dass möglicherweise wilde Saufgelage die unbedarften Gemüter schockieren könnten, kaum eine Rolle. Man will vielmehr die anderen Gäste vor Belästigungen schützen. Manche Pubs haben deswegen sogenannte *family rooms*, wo Mütter qualmend über einer Tasse Tee zusammensitzen und sich über Schwierigkeiten mit dem Babysitter austauschen. Dies wird auch weiterhin so sein, wenn der Pub nur Getränke ausschenkt. Werden auch Speisen serviert, so gilt ab Sommer 2007 ein Rauchverbot.

Pub Grub

Zu essen gibt es in traditionellen Pubs oft *Pies*, Steak and *Kidney Pudding*, *Bangers and Mash*

(Würste mit Kartoffelpüree), Sandwichs und immer und überall kleine Tüten mit *Crisps* (Kartoffelchips). Beliebteste Geschmacksrichtung ist *Salt & Vinegar* (Salz und Essig, auch in der modernen Designer-Version als *Sea Salt & Balsamico* erhältlich). Doch leider grassiert auch hier die Krankheit, Tiefgefrorenes einfach in die Mikrowelle zu stecken.

Der letzte Schrei sind die sogenannten Gastro Pubs, die englische Antwort auf das Bistro. In ihnen ist Vorproduziertes verpönt, die Karte wechselt täglich, das Essen wird frisch zubereitet und angerichtet, der Koch ist ein Koch und keine Aushilfe, die die Gebrauchsanweisung der Mikrowelle mehr oder weniger sorgfältig studiert hat. Die auf der Speisekarte gelisteten Gerichte muten jedoch eher mediterran an. Die Einrichtung ist auf Flohmärkten zusammengesucht oder wirkt zumindest so, der Blick des Gastes kann durch eine großzügige Durchreiche in die Küche schweifen, und die Atmosphäre ist locker, oft gemütlich.

Der erste Pub dieser Art war 1990 der *Eagle* in der Farringdon Road in London. Die Betreiber wollten ursprünglich ein Restaurant eröffnen, allein es fehlte am nötigen Kleingeld, und so mieteten sie in der Not einen leer stehenden Pub. »The Eagle was the first and cheapest dead pub we found«, sagt David Eyre, einer der Begründer. Inzwischen haben sich einige Gastro Pubs Michelin-Sterne erkocht.

CAMRA: Liebhaber traditioneller britischer Braukunst

Als in den sechziger Jahren im Zuge einer immer stärkeren Konzentration große Brauereien kleinere erwarben oder vom Markt fegten, Pubs aufkauften und sie fortan als brauereieigene, von eingesetzten Managern geleitete Pubs betrieben, gründeten empörte Liebhaber traditioneller britischer Braukunst 1971 CAMRA: *Campaign For Real Ale* (www.camra.org.uk). Inzwischen ist CAMRA zur mitgliederstärksten unabhängigen britischen Verbraucherorganisation mit über 80.000 (zahlenden) Mitgliedern angewachsen. Diese veranstalten Bierfeste, setzen sich für Gastbierrechte und vom Aussterben bedrohte Biersorten (Stouts, Porters, Old Ales, Light & Dark Milds, Light Bitters) ein und unterstützen Kampagnen zum Schutz kleiner Brauereien. Zum Beispiel müssen Brauereien mit einer Produktion von bis zu 200.000 Hektolitern weniger Steuern bezahlen, was seit Inkrafttreten der Verordnung 2002 die Zahl der kleinen Brauereien von 440 auf 550 ansteigen ließ. Da bereits über 40 Prozent der britischen Pubs ihre Zapfhähne für immer zugedreht haben, versucht CAMRA zu verhindern, dass Pubs in Privathäuser, Geschäfte oder Restaurants umgewandelt bzw. abgerissen werden. Sogar eine *European Beer Consumers Union* (EBCU) hat CAMRA zusammen mit ähnlich gesinnten niederländischen und belgischen Verbraucherorganisationen ins Leben gerufen, der sich inzwischen Interessengemeinschaften aus vielen EU-Staaten angeschlossen haben und die gemeinsam als Biertrinker-Lobby in Brüssel arbeiten. Und natürlich gibt CAMRA auch einen *Good Beer Guide* heraus, in dem Brauereien und Pubs aufgeführt sind.

Biere

Ausgeschenkt wird das Bier in *Pints* oder *Half Pints*, was in etwa unserem großen und kleinen Bier entspricht. Doch bei der Temperatur muss sich der mitteleuropäische Bierliebhaber umstellen; schon Asterix und Obelix beschwerten sich über die lauwarme *Cervesa*. Auch gibt es kein Getue um lange Zapfzeiten, man bestellt und hält 15 Sekunden später sein Bitter in der Hand.

Ale

Ale ist der ursprüngliche Name für Bier in Großbritannien und bezog sich auf einen Gerstensaft ohne Hopfen. Mit der Ankunft des Hopfens im 15. Jahrhundert aus Holland setzte sich die Bezeichnung *Beer* für das gehopfte Getränk durch. Heute allerdings enthält auch Ale meistens Hopfen, sodass dieses Unterscheidungsmerkmal nicht mehr trifft. Beim heutigen Ale handelt es sich um ein obergäriges Bier, das bei höheren Temperaturen gebraut wird, also schneller vergärt als beispielsweise Lager, und vom Geschmack her süßlicher ist und oft eine fruchtige Note besitzt. Das verbreitetste Ale ist das Pale Ale, das jedoch seit dem 19. Jahrhundert auch Bitter genannt wird. Der Name (*pale* bedeutet blass) bezieht sich auf die Farbe, die von golden bis zur Farbe deutschen Altbiers reicht (was ein Pale Ale per Definition auch ist), verglichen mit Stout oder Porter aber eher blass wirkt.

Bitter

Im Laufe des 19. Jahrhunderts verlangte die Kundschaft in den Pubs Bitter, wenn sie Pale Ale meinten. Es schmeckte im Vergleich zu Mild oder Stout aufgrund seines Hopfengehalts einfach bitterer. So bürgerte sich in den Pubs der Begriff Bitter für Pale Ale ein. Die Brauereien bezeichneten ihr Bier jedoch weiterhin so, bis sie irgendwann einlenkten und »Bitter« auf die Fässer schrieben, die an die Kneipen gingen. In den Geschäften gab es weiterhin Pale Ale in Flaschen zu kaufen. Da aber im Hausgebrauch fast ausschließlich von Bitter gesprochen wird, steht zu erwarten, dass Pale Ale langfristig als Name ausstirbt.

Mild

Ein Bier, das im Gegensatz zum Bitter nur leicht gehopft und nicht mehr sehr populär ist.

Porter und Stout

Dunkles Bier, das im 18. Jahrhundert zum ersten Mal erwähnt wird. Das bekannteste Porter ist, auch wenn es sich dabei nicht um englisches Bier handelt, das Guinness.

Lager

Lager ist ein untergäriges Bier (zu dieser Familie gehört auch das Pils), das gelagert wird, damit sich Partikel senken und das Bier klarer wird.

Typische Begriffe und Zutaten

Afternoon Tea

Ein Nachmittagsimbiss mit Sandwichs, Kuchen und Gebäck – was zum Beispiel das Ritz in London bietet.

Bacon (Speck)

Gesalzenes (gepökeltes) und geräuchertes Schweinefleisch spielte und spielt in der englischen Küche eine herausragende Rolle, vor allem in den ärmeren Bevölkerungsschichten (die allerärmsten ausgenommen). Vor dem Ersten Weltkrieg wurde Bacon eher in der Käsehandlung als beim Fleischer verkauft. Er wird entweder nur gepökelt angeboten (beliebt in Nordengland) oder gepökelt und geräuchert (von Südengländern bevorzugt). Und während man hierzulande nur zwischen magerem und fettem Speck unterscheidet, kennt man in England auch *streaky* (gestreift, billig) oder *back* (praktisch ohne Fett, wird in Deutschland eher zu Lachsschinken verarbeitet).

Bangers

Würste. Beliebt zum Frühstück oder im traditionellen *Bangers and Mash*, Würstchen mit Kartoffelpüree.

Barbie

Engländer lieben Abkürzungen und müssen an fast alles ein »i« hängen. *Barbie* ist keine Puppe, sondern ein Barbecue.

Biscuit

Keks. Ein *Digestive Biscuit* ist ein »Verdauungskeks«, nicht so süß und aus Vollkorn.

Black Pudding

Eine Blutwurst aus Schweineblut, die im Gegensatz zu Blutwürsten auf dem Kontinent Getreide enthält. Beliebt insbesondere in den Midlands und Lancashire, die Stadt Bury gilt als Black-Pudding-Zentrum. Dort findet in Ramsbottom sogar jährlich ein *Black Pudding Throwing Championship* statt, bei dem es darum geht, in drei Würfen einen *Yorkshire Pudding* vom Podest zu hauen. (Seit den Rosenkriegen besteht eine Rivalität zwischen Yorkshire und Lancashire.) Als Wurfgeschoss dient selbstverständlich *Black Pudding*.

Brown Sauce

Eine auf Essig basierende süßsaure, würzige Tunke, die man zu Eiern, Würsten und Fleisch reicht. In England allgegenwärtig wie Ketchup in den USA, Sojasauce in Japan oder früher Maggi in Deutschland.

Butty

Ein Butterbrot

Cheese

▷ Caerphilly: Der bekannteste Käse aus Wales, weißlich, von leicht krümeliger Konsistenz und mild.
▷ Cheddar: Der wohl bekannteste englische Käse, kommt hierzulande meist in Knallorange auf den Tisch, ist in England aber blassgelb. Im jungen Alter ist er Kinder-kompatibel und wird mit zunehmender Reife würziger. Da Cheddar zu sehr industrielles Massenprodukt ist, um eine geschützte Ursprungsbezeichnung zu tragen, wurde die Bezeichnung »West Country Farmhouse Cheddar Cheese« von der Europäischen Union geschützt.
▷ Cheshire: Cheshire ist stolz auf seinen Käse, da er der erste ist, der schriftlich erwähnt wurde, und zwar im *Domesday Book* von 1086, einem monumentalen Werk der frühen Statistik, das William the Conqueror anlegen ließ. Darin wurde erfasst, wer was und wie viel besaß – natürlich zum Zwecke der Steuererhebung, denn William wusste nichts über sein soeben erobertes Land. Der Käse ist entweder mit Annatto, dem Farbstoff einer südamerikanischen Pflanze, orange gefärbt oder weiß und hat eine saftige, leicht krümelige Konsistenz. In Deutschland ist er als Chester bekannt, schmeckt mild und hat einen angenehm salzigen Beigeschmack.
▷ Lancashire Cheese: Ein weicher, krümeliger

Käse, der je nach Reife einen milden bis ausgeprägten Geschmack besitzt.

▷ Sage Derby: Ein milder Käse mit einem Hauch von Salbei, der auf das 17. Jahrhundert zurückgeht. Er sollte von grünen Adern durchzogen sein. Vorsicht bei Käse, der gleichmäßig pastellgrün ist – er ist gefärbt.

▷ Dovedale (g.U. = geschützte Ursprungsbezeichnung): Ein cremiger, weicher, milder Blauschimmelkäse aus dem Peak District.

▷ Single und Double Gloucester: Wenn die Milch zum Buttern abgesahnt wurde, wird aus der entrahmten Milch Single Gloucester hergestellt. Enthält sie alles Fett, so wird Double Gloucester daraus.

▷ Red Leicester: Ein traditionell orangefarbener Käse. Geschmacklich ähnelt er dem Cheddar. Früher wurde er wie der Gloucester mit Karottensaft oder Safran gefärbt, heute verwendet man Annatto, den Farbstoff einer südamerikanischen Pflanze.

▷ Schimmelkäse: Stilton, den wohl berühmtesten cremig würzigen Blauschimmelkäse der Welt neben Gorgonzola und Roquefort, gibt es in Weiß und Blau. Daneben existieren aber in Großbritannien viele andere Blauschimmelkäse. Fünf Namen sind von der EU als Ursprungsbezeichnung geschützt, darunter Buxton Blue (g.U.), Exmoor Blue (g.U.) und Dorset Blue (g.U.).

▷ Shropshire Blue (g.U.): Orangefarbener Schimmelkäse, der nichts mit Shropshire zu tun hat, sondern ursprünglich aus Schottland kommt. Der Name Shropshire wurde ihm zwecks besserer Vermarktung auf dem außerschottischen Markt gegeben. Im Geschmack kräftiger als Stilton.

▷ Wensleydale: Er verdankt seine Bekanntheit in Deutschland sicherlich Wallace and Gromit, den berühmten Knetfiguren, die ihn zu ihrem Lieblingskäse erkoren haben. Ein ausgesprochen milder, um nicht zu sagen fast geschmackloser Hartkäse aus Kuhmilch.

▷ Cornish Yarg: Ein cremiger Weichkäse mit leicht erdigem Geschmack aus Cornwall, der traditionell in Nesseln gewickelt wird. Moderne Versionen werden auch in Bärlauch gehüllt.

Chips Pommes

Chip Shop, Chippy Ein Chip Shop ist ein Imbiss, oft in chinesischer Hand, in dem es *Fish 'n' Chips* gibt. Vielleicht erinnern Sie sich noch an das Lied der britischen Sängerin Kirsty MacColl: »There's a guy works down the chip chop swears he's Elvis« (1981)?

Cider Die Moste aus Gloucestershire, Herefordshire und Worcestershire tragen eine von der EU geschützte Ursprungsbezeichnung. Im Oktober kann man im Südwesten Englands auf zahlreichen lokalen Apfel- und Cider-Festivals zusehen, wie Most gemacht wird, und ihn natürlich auch verkosten. Herefordshire Tourism bietet sogar Radwanderkarten entlang der *orchards* (Obstgärten) an. In den Rezepten dieses Buches habe ich Cider durch naturtrüben Apfelsaft ersetzt.

Clotted Cream Cornish Clotted Cream, ebenfalls eine geschützte Ursprungsbezeichnung, kommt aus Devon oder Cornwall. Es ist die dicke Sahne, die sich auf Rohmilch bildet, wenn man sie ruhen lässt.

Cream Tea Ein Nachmittagsimbiss mit *Scones, Clotted Cream* und Himbeer- oder Erdbeerkonfitüre, natürlich zu Tee.

Crisps Amerikaner und Deutsche nennen es Chips.

Cuppa Werden Sie gefragt: »*Fancy a cuppa?*«, so ist das eine Einladung zu einer Tasse Tee.

Golden Syrup Goldfarbener Zuckersirup, der von Farbe und Konsistenz an Honig erinnert, wird oft beim Backen eingesetzt.

Ruinen der Zinnminen im südenglischen Cornwall. Früher arbeiteten hier die Bergleute.

Neben dem längsten Ortsnamen der Welt hat auch Wales landschaftlich und kulinarisch einiges zu bieten.

Ein Ort des Bieres und der Geselligkeit ist das Public House, kurz Pub.

Pub Grub – der Mix traditioneller und mediterran anmutender Küche brachte einigen Pubs sogar Michelin-Sterne ein.

Stonehenge – Ein Mythos besagt, die Kelten hätten die massigen Steinsäulen platziert. Feiertage keltischen Ursprungs sind noch heute Teil der englischen Kultur, wie etwa Halloween oder die Bonfire Night.

Die Engländer sind stolz auf ihren Käse. In Cotswolds (Gloucestershire) ist der jährliche Höhepunkt während des Käse-Festivals das Cheese Rolling. Dabei werden sieben- bis achtpfündige Käse um die Wette gerollt.

Weit über Englands Grenzen hinaus beliebt und bekannt: Fish and Chips (Seite 92)

Sehr beliebt sind die Bratwürstchen im Teig gebacken – Toad in the Hole (Seite 159) – besonders bei Kindern.

Grub

Umgangssprachlich Futter, gern benutzt als Bezeichnung des Essens, das in Pubs angeboten wird: *Pub Grub.*

Malt Vinegar

Malzessig wird, wie der Name sagt, aus Malz (Gerste) gewonnen und hat eine hellbraune Farbe. Der traditionelle Malt Vinegar entsteht tatsächlich aus einem Ale, bei den billigen Varianten handelt es sich allerdings nur um mit Karamell eingefärbten Essig. Wird traditionell über *Fish 'n' Chips* gesprenkelt.

Maldon Salt

Ein Meersalz aus Essex, wird in Deutschland zum Beispiel bei Manufactum vertrieben. Der Legende nach, die die Maldon Crystal Salt Company auf ihrer Website verbreitet, hat Cassius Petrox, der Kommandeur der römischen Legion in Maldon, einmal sein Badewasser zu lange erhitzen lassen – mit dem Ergebnis, dass die Wanne statt Wasser wunderbare Salzkristalle enthielt.

Marmelade

Seit 1982 dürfen nur noch Konfitüren aus Zitrusfrüchten (Orangen, Limetten, Zitronen, Pampelmusen) als Marmelade bezeichnet werden, dabei kommt das Wort vom Portugiesischen *marmelo*, Quitte. Wenn Briten von Marmelade sprechen, meinen sie eine aus Bitterorangen. Konfitüren aus anderen Früchten werden als *Jam* oder *Preserves* bezeichnet.

Marmite

Ein Hefeextrakt, der beim Bierbrauen anfällt und sich in vegetarischer Würzpaste großer Beliebtheit erfreut.

Minze

Die zahlreichen wild wachsenden Minzearten – Ackerminze, Frauenminze (Balsamkraut) usw. – sowie die aus verschiedenen Arten gekreuzten Kulturpflanzen wie die Pfefferminze gehören zur Familie der Lippenblütler. Ihre Blätter enthalten einen hohen Anteil Menthol, riechen stark und schmecken frisch und würzig. Die grüne oder Waldminze findet sich am häufigsten in der Küche, und zwar roh oder gekocht in Fleisch- und Fischgerichten, Saucen und Suppen oder roh auf Salaten, Desserts und Eis. Und natürlich in den verschiedensten Likören und Schnäpsen.

Nosh
Umgangssprachlich Futter

Off Licence Shop
Ein Geschäft, in dem man alkoholische Getränke kaufen kann.

Peckish
Umgangssprachlich hungrig (»I'm a bit peckish.«)

Perry
Ein Birnenmost, sozusagen der Bruder des Cider, der seine hohe Zeit im 17. und 18. Jahrhundert hatte. Da Birnen nicht gelagert werden können und deshalb schneller verarbeitet werden müssen als Äpfel, gibt es häufiger sortenreine Perrys.

Sarnie
Ein Sandwich

Self-raising Flour
In England kann man überall Mehl kaufen, dem bereits Triebmittel zugesetzt wurden. Da es in Deutschland schwer erhältlich ist, habe ich es durch Mehl und Backpulver ersetzt.

Seville Oranges (Bitter oder Sour Orange, Citrus Aurantium)
Bitterorange, saure Orange, Sevilla-Orange, wahrscheinlich am ehesten unter ihrem alten Namen Pomeranze bekannt. Dass es Pomeranzen hier fast nirgends zu kaufen gibt, liegt daran, dass 95 Prozent der Ernte Andalusiens nach England exportiert werden – zur Herstellung von Orangenmarmelade (siehe auch Marmelade).

Tomato Sauce
Nichts anderes als Ketchup

Treacle
Melasse

Maße und Abkürzungen

EL	Esslöffel
TL	Teelöffel
g	Gramm
kg	Kilogramm
l	Liter
ml	Milliliter

Wenn nicht anders angegeben, sind Tee- und Esslöffel gestrichen gefüllt.

Frühstück
Breakfast

»›Porridge or prunes? Haferbrei oder Backpflaumen?‹ […] Das Frühstück war eröffnet. Dieser Ruf hallt noch immer in meiner Erinnerung nach. […] In ihm kommt der wahre Geist gastronomischer Freudlosigkeit zum Ausdruck. Haferbrei füllt den Engländer, und Backpflaumen sorgen dafür, dass er sich wieder entleert, die zwei erfüllen also entgegengesetzte Funktionen. […] Es muss so sein, weil das England ist und wir Engländer sind. Wir essen zu Hause oder in den Klubs oder kleinen Restaurants oft gut, aber wir bestehen nicht auf gutem Essen an öffentlichen Plätzen.«

Die Schilderung des Frühstücks, das der Schriftsteller E. M. Forster (1879–1979, in Deutschland eher bekannt durch die Verfilmung seiner Romane »Passage to India«, »Room with a View« und »Howard's End«) auf einer Fähre nach England zu sich nahm, macht nicht gerade Appetit. Aber sie spiegelt die Probleme wider, die lange Zeit in der englischen Küche herrschten: die viktorianische Vorstellung, Vergnügen sei unmoralisch, das schlechte Kochen in öffentlichen Einrichtungen, …

Ein anderer britischer Schriftsteller, W. Somerset Maugham, behauptet dagegen: »The only way to eat well in England is to have breakfast three times a day.« (Wer in England anständig essen will, muss dreimal am Tag frühstücken.)

Ein alltägliches Frühstück besteht heutzutage meist aus Cornflakes, Weetabix oder einer anderen »Frühstückszerealie«, alternativ aus Toast, gern mit Marmelade, aber auch anderen süßen Aufstrichen, und einer Tasse Tee oder Kaffee. Wenn es die Zeit erlaubt, verzehren Engländer jedoch noch immer ihr traditionelles Fry-up.

Breakfast bezeichnet übrigens nichts anderes als das Fastenbrechen nach einer durchschlafenen Nacht.

Englisches Frühstück
Full English Breakfast »Fry-up«

So sähe das vollständige Angebot eines englischen Frühstücks aus. Aber auch in Großbritannien wird man im Hotel oder einem B&B (Bed and Breakfast) gefragt, was aus der langen Liste man denn haben möchte. Ich lehne die Würste immer dankend ab – oder reiche sie an Mitspeisende weiter.

Orangensaft
Tee (Teebeutel, versteht sich), natürlich mit Milch
Spiegelei
gebratener Speck
gebratene Schweinswürste
gebratener Black Pudding (Blutwurst, besonders in Nordengland beliebt)
gebackene Bohnen (aus der Dose)
gebratene halbierte Pilze
gebratene Tomaten
in ausgelassenem Speckfett gebratene Toastdreiecke (das Toastbrot hat Kastenform und wird immer diagonal geschnitten)
Toast, diesmal getoastet, oder Crumpets (ähneln unseren Toasties aus dem Supermarkt – Seite 75)

Walisisches Frühstück
Welsh Breakfast

Ähnelt dem englischen Frühstück, kommt jedoch ohne Black Pudding und gebackene Bohnen aus. Dafür wird es an der Südküste von Wales durch Laverbread ergänzt:

für 4 Personen

175 g Laverbread (Algen)
50 g Hafergrütze
Fett

Die Algen kochen. Mit der Hafergrütze vermischen und Küchlein daraus formen.
Fett erhitzen und die Küchlein auf jeder Seite etwa 2 Minuten braten.

Gekochte Hafergrütze
Porridge

»Porridge« meint eigentlich jede Form von Brei, bezeichnet aber in Großbritannien die morgendliche Hafergrütze. In England hält man Porridge oft für ein schottisches Gericht, zumal die dafür benötigte Hafergrütze häufig in Packungen verkauft wird, auf denen stramme Männerwaden unter Röcken hervorschauen. Doch das Wort »Porridge« geht auf das englische »Pottage« (dicke Gemüsesuppe) zurück, ist also urenglisch.
Traditionell wird Porridge mit Wasser zubereitet, jedoch mit Milch serviert. In der guten alten Zeit wurde er oft mit einem Hornlöffel gegessen, da Metalllöffel zu heiß wurden.

für 2 Personen

125 g Hafergrütze oder Haferflocken
Butter
Milch
Zucker
Salz

400 ml Wasser mit einer Prise Salz zum Kochen bringen und Hafergrütze oder -flocken unter ständigem Rühren langsam hineinrieseln lassen. So lange vor sich hin köcheln, bis ein Brei entsteht, der später nicht mehr zwischen den Zähnen knirscht. Das kann eine Weile dauern, und dabei muss leider ständig gerührt werden.
Zum Servieren einen Klacks Butter daraufgeben, mit etwas Milch übergießen und mit Zucker bestreuen. Im Winter schmeckt das sogar in Deutschland.

Lässt man Porridge erkalten, wird er fest wie Polenta (sic!) und kann geschnitten werden.

Geräucherter Hering
Kippers (Northumberland)

»To kipper« beschrieb ursprünglich eine Methode, Lachse haltbar zu machen. Seit den 1840er Jahren wird die Bezeichnung für geräucherten und eingesalzenen Hering benutzt. Nach dem Ersten Weltkrieg begann man, Kippers mit Farbstoff zu behandeln, was ihnen zwar eine goldbraune Farbe verleiht, in Wahrheit aber nur verdeckt, dass der Räucherprozess verkürzt wurde.
Kippers werden oft zum Frühstück verzehrt, gerne mit einem Bier. Schon Lord Peter Wimsey, der Detektiv in den Romanen von Dorothy Sayers, aß sie gerne.

1 - 2 Kippers pro Person

Butter
Vollkorntoast
Zitrone

In einer Pfanne Butter zerlassen und die Fische kurz braten – oder Butterflöckchen auf die Fische setzen und etwa 5 Minuten unter den Grill geben.
Auf Vollkorntoast mit Zitronenscheiben servieren.

Variante
Kippers werden oft auch mit Rührei gereicht.

Englisches Rührei
Scrambled Eggs, Rumbled Eggs

Ein Rezept für Rührei? Ja, denn die Engländer bereiten es anders zu. Mein erstes britisches Rührei an der Südküste von Wales ist mir noch gut in Erinnerung: Ich dachte, in der Küche sei etwas schiefgegangen. Es erinnerte dem Aussehen nach an geronnene Milch, nur war es gelblich. Meinem britischen Begleiter gegenüber brachte ich mein Befremden zum Ausdruck, der sich allerdings nicht dazu äußerte. Erst als er selbst mir später das erste Mal Rührei servierte, verstand ich, warum.

für 4 Personen

1 EL Butter
6 Eier
3 EL Milch

Ein Wasserbad vorbereiten: Einen Topf halb mit Wasser füllen, erhitzen, einen zweiten Topf oder eine Metallschüssel hineinhängen, deren Boden das Wasser nicht berühren sollte. Die Butter in das obere Gefäß geben. In einer anderen Schüssel die Eier mit der Milch aufschlagen. Wenn die Butter heiß ist, die Hitze reduzieren, damit das Wasser nur köchelt. Die Eiermischung zur Butter geben, kurz umrühren und das Ei stocken lassen. Ab und zu umrühren, denn das Ei setzt leicht an.
Mit Toast oder Crumpets servieren. Am besten Maldon Sea Salt dazu reichen.

Crumpets (Nordengland)

Crumpets sind das, was Amerikaner als »English Muffins« kennen und wir in deutschen Supermärkten als Toasties kaufen können.

150 ml Milch
15 g Butter
½ Würfel frische Hefe
1 TL Zucker
225 g Mehl
½ TL Backpulver

Milch und Butter erhitzen und wieder abkühlen lassen. Währenddessen die Hefe zerkrümeln und mit dem Zucker verrühren, bis die Hefe flüssig wird.
Wenn die Milch handwarm ist (nicht wärmer, da sonst die Hefe zerstört wird), die Hefe zugeben und die Mischung an einen warmen Ort stellen, bis sich Blasen bilden.
Mit Mehl und ½ TL Salz verrühren, mit einem Tuch bedecken und gehen lassen, bis sich das Volumen verdoppelt hat.
Das Backpulver mit 3 EL warmem Wasser verrühren, zum Teig geben und einarbeiten. Noch einmal gehen lassen.
Drei spezielle runde Plätzchenausstecher (7,5 cm Durchmesser) mit Griffen einfetten, in eine gusseiserne Pfanne setzen und erhitzen. Mit jeweils 2 EL Teig füllen und braten, bis er Blasen wirft. Die Crumpets aus der Pfanne nehmen, wenden und weitere 3 Minuten braten.

Reisgericht mit Räucherfisch und Ei
Kedgeree (Empire)

Das Frühstücksgericht, das in keinem englischen Kochbuch fehlt, ist indischen Ursprungs und geht wohl auf das Gericht Kicheri zurück, das jedoch nur aus Linsen und Reis besteht. Räucherfisch und Eier sind Beigaben aus viktorianischer Zeit.

für 4 - 6 Personen

1 Zwiebel
Butter
200 g Reis
1 Lorbeerblatt
einige Pfefferkörner
2 - 3 Eier (nach Geschmack auch mehr)
1 Makrelen- oder Forellenfilet (unbedingt geräuchert)
1 - 2 TL mildes Currypulver
½ Zitrone (Saft)
etwas gehackte Petersilie
1 Zitrone

Die Zwiebel klein hacken. In einem Topf die Butter zerlassen und die Zwiebel anbraten. Die Reismenge abmessen (etwa in einer Tasse) und kurz mitrösten. Dann die anderthalbfache Menge Wasser, Lorbeerblatt, Salz und Pfefferkörner zugeben, den Reis gar kochen. Währenddessen die Eier hart kochen und schälen.
Wenn der Reis gar ist, den Fisch zerkleinern und mit dem Curry untermischen. Mit etwas Zitronensaft beträufeln, mit den geviertelten Eiern dekorieren, mit Petersilie bestreuen. Kalt servieren und Zitronenschnitze dazureichen.

Variante
Zum Schluss gekochte Erbsen untermischen.

Orangenmarmelade
Orange Marmalade

Last not least: Ohne Marmelade ist ein englisches Frühstück nicht denkbar.

für 4 - 6 Gläser

4 Pomeranzen
Zucker im Gewicht der Pomeranzen

Die Pomeranzen in Wasser gut 1½ Stunden köcheln, bis sie weich sind. Herausnehmen, mit Schale klein schneiden, nur die Kerne entfernen. In einem Topf mit dem Zucker aufkochen, einige Minuten köcheln und den Geliertest machen: Einen Löffel in die brodelnde Masse halten und die Tropfen auf einer Untertasse auffangen. Werden sie fest, wenn man die Untertasse schräg hält, kann die Marmelade in heiß ausgespülte Schraubgläser gefüllt werden. Sofort verschließen.

Suppen
Soups

Weiße Mandelsuppe
White Soup

Die Suppe, deren Ursprung ins Mittelalter zurückreicht, galt als erlesen und wurde bis ins 19. Jahrhundert gern auf Bällen gereicht oder wenn man Gäste zum Dinner hatte. Jane Austen erwähnt sie in »Pride and Prejudice«.

für 6 Personen als Vorsuppe

1½ l Kalbs- oder Hühnerbrühe
100 g Kalbs- oder Hühnerfleisch
75 g blanchierte Mandeln
1 Scheibe Weißbrot ohne Rinde
300 ml Sahne
1 Eigelb
½ ungespritzte Zitrone (abgeriebene Schale)
Muskatblüte

Die Brühe langsam erwärmen. Das Fleisch klein schneiden und mit Mandeln und Weißbrot im Mörser zu Brei zerstampfen oder in der Küchenmaschine mit etwas Brühe pürieren. Durch ein Sieb in die Brühe passieren. Die Sahne mit dem Eigelb verschlagen, langsam in die Suppe rühren und bei kleinster Hitze eine Stunde schmoren – die Suppe nicht zum Kochen bringen, damit das Ei nicht gerinnt.
Mit Zitronenschale, Salz, Pfeffer und Muskatblüte abschmecken.

Maronen-Apfel-Suppe
Chestnut and Apple Soup

2 Stangen Sellerie
350 g saure Äpfel (Boskop)
1 l Hühnerbrühe
600 g essfertige Maronen (eingeschweißt erhältlich)
2 EL Butter
150 ml Sahne

Den Sellerie klein schneiden, die Äpfel schälen, entkernen und ebenfalls klein schneiden.
Die Hühnerbrühe mit Maronen und Sellerie zum Kochen bringen, 20 Minuten köcheln.
Währenddessen die Butter zerlassen und die Äpfel weich braten.
Die Äpfel zur Suppe geben und diese mit einem Pürierstab zerkleinern. Sahne dazugeben, mit Salz und Pfeffer abschmecken, nicht mehr aufkochen.

Möhren-Koriander-Suppe
Carrot Coriander Soup

Zurzeit eine der beliebtesten Suppen in England, was sich auch daran ablesen lässt, dass man sie bei Marks & Spencers in Dosen kaufen kann.

für 6 Personen als Vorsuppe

500 g Möhren
1 Kartoffel
1 Zwiebel
Butter
1200 ml Hühner- oder Gemüsebrühe
1 TL Korianderkörner
200 ml Sahne
frischer Koriander

Die Möhren schälen und in Scheiben schneiden, die Kartoffel schälen und klein würfeln, die Zwiebel klein hacken.
In einem Topf Butter zerlassen und die Zwiebel glasig dünsten. Die Möhren hinzufügen und auch die Kartoffel kurz mit anbraten. Mit Brühe auffüllen und das Gemüse gar kochen.
Die Korianderkörner im Mörser zerstoßen und dazugeben. Die Suppe pürieren und bei schwacher Hitze zurück auf den Herd stellen. Die Sahne unterrühren, nicht mehr aufkochen. Mit Salz und Pfeffer abschmecken.
Zum Servieren mit frischem Koriander dekorieren.

Natürlich lässt sich auch bereits gemahlener Koriander verwenden, aber frischer, im Mörser zerstoßener hat ein wesentlich intensiveres Aroma – ein Geruchsvergleich bringt es an den Tag.

Erbsensuppe
»London Particular«

Trüb, dick, gelblich-grün und rauchig ist diese Erbsensuppe, wie es der Londoner Nebel zu seinen besten Zeiten gewesen sein muss. Charles Dickens hat ihn in »Bleak House« als »London Particular« beschrieben, und so kam auch die Suppe zu ihrem Namen. Gerade richtig für einen grauen Novembertag.

am Vortag beginnen
für 6 Personen

250 g getrocknete grüne Erbsen
1 Zwiebel
50 g durchwachsener Speck
Butter
1 Möhre
*1½ l Schinkenbrühe**
etwas getrocknete Minze
1 TL Worcestershire-Sauce

Die Erbsen über Nacht einweichen.
Am nächsten Tag die Zwiebel hacken und den Speck würfeln. In einem Topf die Butter zerlassen, Zwiebel und Speck anbraten. Wenn Sie eine Speckschwarte übrig haben, umso besser, das gibt noch mehr Geschmack. Die Möhre schälen, würfeln und zugeben. Die Brühe angießen und die Erbsen ohne Einweichwasser hinzufügen. Mit Minze bestreuen und kochen, bis die Erbsen gar sind.
Mit Salz, Pfeffer und Worcestershire-Sauce würzen – die Sauce spricht man übrigens »Wuster« aus.

** Am besten beim Fleischer nachfragen, ob er zum Beispiel Anschnitte oder Schinkenreste von geräuchertem oder luftgetrocknetem Schinken hat, die dann ausgekocht werden.*

Erbsensuppe mit Minze
Green Pea Soup with Mint

Diese Suppe unbedingt aus frischen oder tiefgekühlten Erbsen zubereiten und nicht aus getrockneten. Und das Schönste an ihr ist – nein, nicht der Geschmack, obwohl auch der gut ist – die Farbe.

für 4 Personen

1 Zwiebel
Butter
300 g Erbsen
1 TL getrocknete Minze
750 - 1000 ml Gemüse- oder Hühnerbrühe
200 ml Sahne
½ Bund frische Minze (im Winter im Asiashop oder gut sortierten Kaufhäusern)

Die Zwiebel klein hacken. Butter zerlassen und die Zwiebel andünsten. Die Erbsen dazugeben (tiefgekühlte nicht auftauen) und die getrocknete Minze hineinbröseln. Die Brühe darübergießen und aufkochen. Einige Minuten köcheln, bis die Erbsen weich sind – nicht zu lange, damit sie nicht ihre frische Farbe verlieren.
Die Suppe pürieren, die Sahne hineinrühren, mit Salz und Pfeffer abschmecken und mit gehackter frischer Minze bestreuen.

Variante
Kochbuchautorin Nigella Lawson stellt die Suppe nach dem Pürieren in den Kühlschrank, um sie kalt mit saurer Sahne und frischer Minze zu servieren.

Tomatensuppe mit Minze

Tomato Soup with Mint

für 4 Personen

1 Zwiebel
1 Stange Porree
2 Stangen Sellerie
Olivenöl
Butter
750 g reife Tomaten
1 Lorbeerblatt
1 Knoblauchzehe
750 ml Hühner- oder Gemüsebrühe
Tomatenmark
frische Minze

Zwiebel, Porree und Sellerie klein schneiden. Öl und Butter erhitzen und alles anbraten, bis die Zwiebelstücke glasig sind. Die Tomaten kurz in kochendes Wasser tauchen, häuten und nicht zu klein würfeln. Mit dem Lorbeerblatt und dem zerdrückten Knoblauch hinzufügen und alles bei kleiner Hitze 10 Minuten garen.
Mit Brühe auffüllen und weitere 15 Minuten köcheln. Mit Salz, Pfeffer und Tomatenmark abschmecken und mit Minze servieren.
Wem das zu englisch ist, der nehme Basilikum oder Estragon.

Variante
Die Tomatensuppe pürieren und etwas Sahne hinzufügen.

Braune Suppe nach Windsor-Art
Brown Windsor Soup (Berkshire)

Diese Suppe war in viktorianischer Zeit recht populär.

für 6 Personen

750 g Lamm- und Rindfleisch
1 Zwiebel
1 Möhre
1 Stange Porree
Öl
Butter
1½ l Rinderbrühe
*1 Bouquet garni**
150 ml Madeira
Cayennepfeffer

Das Fleisch würfeln. Das Gemüse säubern und vorbereiten.
Öl und Butter erhitzen und das Fleisch rundum bräunen. Das Gemüse dazugeben. Die Brühe angießen, das Bouquet garni hinzufügen und mindestens anderthalb Stunden kochen, bis das Fleisch sehr weich ist.
Die Suppe entweder durch ein Sieb passieren oder in der Küchenmaschine pürieren. Zum Schluss den Wein hinzufügen, mit Salz und Cayennepfeffer abschmecken.

** Für ein Bouquet garni binden Sie einen Thymianzweig, ein Lorbeerblatt und ein paar Stängel Petersilie mit einem Küchenfaden an ein Porreeblatt oder eine Stange Sellerie.*

Kartoffel-Brunnenkresse-Suppe
Potato and Watercress Soup (Hampshire)

für 6 Personen als Vorsuppe

500 g Kartoffeln
1 Zwiebel
Butter
1½ l Hühner- oder Gemüsebrühe
1 - 2 Bund Brunnenkresse
50 ml Sahne
Muskatnuss
frischer Kerbel

Die Kartoffeln schälen und würfeln, die Zwiebel fein würfeln.
Butter zerlassen und die Zwiebel anbraten. Die Kartoffeln kurz mitbraten. Mit heißer Brühe auffüllen und köcheln, bis die Kartoffeln gar sind.
Die Suppe pürieren. Die Brunnenkresse hacken, in Butter kurz anbraten, bis sie zusammenfällt, und zur Suppe geben. Die Sahne unterrühren, mit Salz, Pfeffer und geriebenem Muskat abschmecken.
Zum Servieren mit Kerbel dekorieren.

Pastinaken-Apfel-Suppe
Parsnip and Apple Soup (East Anglia)

East Anglia umfasst Norfolk und Suffolk wie auch Teile von Cambridgeshire and Lincolnshire.

für 6 Personen als Vorsuppe

750 g Pastinaken
1 saurer Apfel (etwa Boskop)
Butter
1 l Hühner- oder Gemüsebrühe
1 Salbeistängel
150 ml Sahne
Petersilie
Croûtons

Pastinaken und Apfel schälen und in Stücke schneiden.
Butter zerlassen und die Stücke bei schwacher Hitze anbraten, bis sie halb weich sind. Dabei gelegentlich rühren, um ein Ansetzen zu verhindern. Mit Brühe auffüllen, den Salbei- und eventuell einen Petersilienstängel hinzufügen und köcheln, bis die Pastinakenstücke gar sind. Die Kräuter herausfischen und den Rest pürieren. Die Sahne hinzugießen und alles nochmals erwärmen, aber nicht kochen.
Mit gehackter Petersilie und Croûtons servieren.

Topinambursuppe
Palestine Soup

Topinambur gehört zu den Sonnenblumengewächsen, und Sonnenblume heißt auf Italienisch »girasole« (sprich: dschirasole) – was vor Jahrhunderten ein Engländer als »Jerusalem« missverstanden hat. Und da die Knolle vom Geschmack her leicht an Artischocken erinnert, wurde im Englischen »Jerusalem artichoke« daraus. Und Jerusalem liegt bekanntlich in Palästina …

für 4 Personen

500 g Topinambur
250 g Kartoffeln
2 Stangen Sellerie
1 Zwiebel
Butter
500 ml Brühe
350 ml Milch
Petersilie

Topinambur und Kartoffeln schälen und in Scheiben schneiden. Da beide Gemüse die Tendenz haben anzulaufen, legt man sie am besten in eine mit Wasser gefüllte Schüssel. Den Sellerie in dünne Halbmonde schneiden, die Zwiebel würfeln.
Butter zerlassen und die Zwiebel glasig andünsten. Den Sellerie zugeben und kurz braten. Die Kartoffel- und Topinamburscheiben hinzufügen und ebenfalls mitbraten, damit sie etwas Geschmack annehmen. Mit Brühe bedecken und garen.
Die Suppe pürieren. Mit Milch aufgießen, mit Salz und Pfeffer abschmecken.
Zum Servieren mit Petersilie bestreuen.

Variante
In ausgelassenem Speck statt in Butter anbraten.

Blumenkohlcremesuppe mit Blauschimmelkäse
Cauliflower Stilton Soup (Midlands)

Heutzutage ist eine Variante dieser Suppe auf vielen Speisekarten zu finden: die Broccoli-Stilton-Soup. Stilton ist neben Gorgonzola und Roquefort einer der berühmtesten Blauschimmelkäse.

für 4 Personen

1 Blumenkohl
1 Zwiebel
Butter
750 ml Hühnerbrühe
½ l Milch
Muskatnuss
100 g Stilton-Käse
Petersilie

Den Blumenkohl in Röschen zerteilen, die Zwiebel fein hacken.
Butter zerlassen und die Zwiebel anbraten. Die Blumenkohlröschen dazugeben und kurz anbraten, dann die Brühe zugießen. Alles zum Kochen bringen und bei schwacher Hitze köcheln, bis der Blumenkohl gar ist.
Pürieren, die Milch zugießen und erhitzen. Mit Salz, Pfeffer und geriebenem Muskat abschmecken. Den Käse hineinbröseln und in der heißen Suppe schmelzen.
Mit Petersilie bestreuen und servieren.

Käsesuppe aus Gloucester
Gloucester Cheese Soup

für 6 Personen

1 Kartoffel
1 Möhre
1 Stange Porree
1 Stange Sellerie
1 Zwiebel
Butter
2 EL Mehl
1½ l Hühner- oder Gemüsebrühe
1 Bouquet garni (Seite 83)
150 - 200 g Double Gloucester Cheese (ersatzweise Leicester oder Cheddar)
150 - 200 ml Sahne
Petersilie

Kartoffel und Möhre schälen und würfeln. Porree und Sellerie klein schneiden, die Zwiebel würfeln.
Butter zerlassen, Zwiebel, Kartoffel und Möhre anbraten. Porree und Sellerie hinzufügen, Mehl über das Gemüse stäuben und 3 Minuten rühren. Langsam die Brühe zugießen, das Bouquet garni in die Suppe geben und kochen, bis die Gemüse gar sind. Das Bouquet herausfischen und die Suppe passieren oder pürieren. Den Topf zurück auf den Herd stellen, 100 bis 150 g Käse hineinbröseln und verrühren. Wenn der Käse geschmolzen ist, die Sahne hinzufügen. Mit Salz und Pfeffer abschmecken.
Die Suppe in Teller füllen, mit dem restlichen Käse und Petersilie bestreuen.

Mulligatawny-Suppe
Mulligatawny Soup

Obwohl viele diese Suppe für indisch halten, taucht sie interessanterweise nie in indischen Kochbüchern von Indern auf, dafür aber in jedem indischen Kochbuch von Angelsachsen. Diese »Kolonial-Suppe« aßen die Engländer in Indien und hielten sie für authentisch. Ihr Name kommt von »mulegoo-thani«, was so viel wie »Pfefferwasser« bedeutet. Und genau darum handelt es sich bei dieser preiswerten Suppe, die sehr einfach in ihrer Zubereitung ist.

3 Stunden vorher beginnen
für 4 Personen

2 Zwiebeln
Suppenknochen von Huhn, Rind oder Lamm
3 Gewürznelken
6 Kardamomkapseln
2 EL Koriandersamen
1 EL ungemahlener Kreuzkümmel
12 schwarze Pfefferkörner
3 Knoblauchzehen
1 EL Tamarinde (oder 1 Zitrone zum Abschmecken)
2 Möhren
2 Stangen Sellerie
1 großer oder 2 kleine Äpfel
100 g Schinken
Ghee oder Butterschmalz
1 EL braune Senfkörner
250 ml Kokosmilch

Eine Zwiebel vierteln und mit Knochen, Gewürzen, Knoblauch und Tamarinde in einen Topf geben. Mit Wasser bedecken und zum Kochen bringen. Den aufsteigenden Schaum mit einem Schaumlöffel abschöpfen, die Hitze reduzieren und ein bis zwei Stunden köcheln.
Die Brühe abseihen und in den Topf zurückgeben. Die Möhren schälen und würfeln, den Sellerie in Halbmonde schneiden, den Apfel schälen, entkernen und klein schneiden, den Schinken würfeln. Alles in die Brühe geben und köcheln. Abschmecken, Salz und, falls keine Tamarinde verwendet wurde, Zitronensaft hinzufügen.
Die zweite Zwiebel in Ringe schneiden. In einer Pfanne Ghee zerlassen und die Zwiebelringe glasig andünsten. Die Hitze erhöhen und die Senfkörner hineinwerfen, wenn die Pfanne sehr heiß ist. Sobald sie poppen, mit den Zwiebeln in die Suppe geben und diese köcheln, bis das Gemüse gar ist. Die Kokosmilch unterrühren, erhitzen, aber nicht kochen.
Oft wird gekochter Reis dazu gereicht. Da es sich um eine leichte Suppe handelt, kann sie auch ohne Reis gut als Vorspeise serviert werden.

Variante
Statt Nelken, Kardamom, Koriander und Kreuzkümmel 1½ bis 3 EL Curry verwenden.

Würzige Gemüsebrühe

Dame Alice Soup (Staffordshire)

Nachdem Charles II. am 3. September 1651 in einer Schlacht bei Worcester von Cromwells Mannen geschlagen worden war, befand er sich auf der Flucht. Zwei Tage lang gewährten ihm die königstreuen Katholiken Thomas und Alice Whitgreave in der Moseley Old Hall in Staffordshire Unterschlupf, bevor er als Diener verkleidet (mit 1000 Pfund in der Tasche) nach Bristol und weiter nach Frankreich fliehen konnte. Noch heute kann man sich dort das Bett ansehen, in dem Charles nächtigte, und auch das winzige Versteck, in das sich der über 1,80 Meter große Mann quetschte, als Soldaten das Haus durchsuchten.
Diese vegetarische Suppe basiert auf einem alten Rezept und wird in dem vom National Trust betreuten Haus als »Dame Alice Soup« zu besonderen Anlässen serviert.

für 4 Personen

2 Möhren
1 Zwiebel
3 EL Butter
1 Lorbeerblatt
1 TL Sellerie-, Dill- oder Fenchelsamen
1 TL getrockneter Thymian
1 EL gehackte Petersilie
1 TL schwarze Pfefferkörner
3 EL Mehl
750 ml Gemüsebrühe
250 ml Milch
1 TL Hefeextrakt (Marmite)

Die Möhren schälen und raspeln, die Zwiebel hacken. Butter zerlassen und beides anschwitzen. Gewürze und Kräuter etwa 2 Minuten mit anbraten. Das Mehl unterrühren. Langsam die Brühe zugießen, zum Kochen bringen und 15 Minuten köcheln.
Die Milch zugießen, den Hefeextrakt unterrühren. Mit Salz und Pfeffer abschmecken und servieren.

Hühnerbrühe mit Bärlauch
Chicken Broth with Wild Garlic

Der gelernte Architekt Fergus Henderson betreibt seit 1995 das St. John's in London. Dort kocht er vorwiegend mit Zutaten, die normalerweise eher gemieden werden: Ohren, Lammhirn, Knochenmark… Bezeichnenderweise heißt sein Kochbuch »Nose to Tail Eating«, gegessen wird also alles von der Schnauze bis zum Schwanz, und das ist durchaus wörtlich gemeint. Hier eine Suppe mit Bärlauch, einem Kraut, das in der englischen Küche sonst kaum verwendet wird.

am besten am Vortag die Brühe zubereiten
für 4 - 6 Personen

1 Suppenhuhn
2 Möhren
2 Zwiebeln
2 Stangen Sellerie
2 Stangen Porree
2 Knoblauchzehen
2 Thymianzweige
3 Lorbeerblätter
½ Bund Petersilie
1 Rosmarinzweig
1 Bund Bärlauch zum Servieren

In einem Topf das Huhn mit Wasser bedecken, zum Kochen bringen und etwa zwei Stunden köcheln. Das Huhn aus der Brühe nehmen, das Fleisch zum Beispiel für einen Hühnersalat verwenden. Die Brühe erkalten lassen – auf der Oberfläche bildet sich eine Fettschicht, die sich leicht abnehmen lässt.
Am nächsten Tag das Gemüse säubern und klein schneiden. Die Brühe mit dem Gemüse und allen Kräutern erhitzen und eine gute Stunde köcheln. Dann das Gemüse abseihen.
Wer eine klare Brühe möchte, kann sie nach dem Consomméverfahren klären.
Zum Servieren den Bärlauch in Streifen schneiden, auf Suppenteller verteilen und die Brühe darüberschöpfen.

Fisch
Fish

Frittierter Fisch im Teigmantel mit Pommes frites

Fish and Chips (London und der industrielle Norden – Lancashire)

Ursprünglich wurde der Fisch in einen Teigmantel gehüllt, um ihn beim Braten vor dem Austrocknen zu schützen. Der Teig wurde dann weggeschnitten und nur der Fisch gegessen. Inzwischen ist der Teig ein wesentlicher Bestandteil des Gerichts und wird klassischerweise mit Bier zubereitet.

für 4 Personen

Öl zum Frittieren
225 g Mehl
1 TL Backpulver
300 ml Bier
4 Fischfilets (je etwa 125 g)

Das Öl erhitzen. In einer Schüssel Mehl und Backpulver mischen und langsam fast die gesamte Menge des Biers hineinrühren – der Teig sollte ziemlich zähflüssig sein. Falls er zu zäh ist, das restliche Bier (oder mehr) hineinrühren.
Das Öl ist heiß genug, wenn ein hineingeworfener Brotwürfel schnell knusprig braun wird. Wird er schwarz, ist das Öl zu heiß. Nun ein Fischfilet am dünnen Ende halten, in den Teig tauchen und wieder herausziehen. Etwas von dem Teig wird langsam in die Schüssel zurückgleiten. Falls viel Teig schnell hineingleitet, ist er zu dünn – dann mehr Mehl hineinrühren.
Das Filet langsam und vorsichtig in das Fett gleiten lassen, damit es nicht spritzt, und es frittieren – etwa 8 Minuten bei dünneren und 12 Minuten bei dickeren Filets. Der Teig sollte dabei knusprig werden.

Als Bier eignet sich am besten englisches Lager. Man kann aber auch mit Guinness experimentieren.
Statt einer Fritteuse kann auch eine Pfanne mit hohem Rand, ein Topf oder ein Wok verwendet werden.

Chips

Chips heißt in England das, was wir Pommes frites nennen. Und das, was uns (und den Amerikanern) als Chips vertraut ist, nennt man in Großbritannien Crisps.
Die besten Pommes frites erhält man, wenn man sie zweimal frittiert: einmal zum Garen und das zweite Mal für die Knusprigkeit.

für 4 Personen

1 kg Kartoffeln
Öl zum Frittieren

Die Kartoffeln schälen, in der gewünschten Dicke zurechtschneiden, waschen und trockentupfen. Das Öl auf 160° C erhitzen. Die Kartoffelschnitze portionsweise hineingeben und einige Minuten frittieren, bis sie eine goldene Farbe annehmen – portionsweise, weil das Fett zu schnell abkühlt, wenn man zu viele Chips in das Öl gibt, und dann die Gefahr besteht, dass sie nicht kross werden.
Kurz vor dem Servieren das Öl auf 180° C erhitzen und die Chips für weitere 3 Minuten hineintauchen.

Der »echte« Engländer gibt Malzessig über seine Fish 'n' Chips. Früher wurden die Chips aus der Fritteuse auf eine Zeitung gekippt, der Fisch daraufgelegt, das Ganze zu einer Tüte gerollt und von oben gesalzen und mit Essig besprengt.

Fischpaste
Bloater Savoury (Suffolk)

Eine herzhafte Fischpaste, die zur Zeit Edwards VII. beliebt war, also um die Wende zum 20. Jahrhundert herum, als die Heringsfischerei in East Anglia noch Hochkonjunktur hatte.

2 geräucherte Heringe
50 g weiche Butter
2 TL Worcestershire-Sauce
Cayennepfeffer
2 Eigelb
1 Spritzer Zitronensaft

Die Heringe auf beiden Seiten grillen oder braten. Abkühlen lassen, die Haut abziehen, filetieren und das Fleisch mit den Händen zerpflücken. In die Butter mischen, mit Pfeffer, Worcestershire-Sauce und Cayennepfeffer abschmecken. Die Eigelbe und etwas Zitronensaft untermischen. Pürieren oder durch ein feines Sieb streichen.
Mit Toast oder Zwiebäcken (Seite 186) servieren.

Gebackene Flunder
Baked Flounder (Suffolk)

für 4 Personen als Fischgang, für 2 Personen als Hauptspeise

4 Flundern
2 EL gehackte Petersilie
2 EL gehackter Schnittlauch
2 EL gehacktes Estragon
Muskatnuss
60 g Butter
1 Glas Weißwein
100 g frische Weißbrotkrümel

Den Ofen auf 200° C vorheizen. Die Flundern ausnehmen, salzen und pfeffern. Kräuter und eine Prise geriebenen Muskat vermischen und die Fische damit füllen. Eine Auflaufform ausbuttern und die Flundern hineinlegen. Mit Wein übergießen, mit Brotkrümeln bestreuen und Butterflöckchen daraufsetzen. Alles 10 bis 15 Minuten backen, bis das Brot gebräunt ist.

Seezunge

Dover Sole (Kent und London)

Von Dover Sole habe ich zum ersten Mal gehört, als in einem Film Mary Poppins »a nice piece of Dover sole« auf ihre Einkaufsliste setzte. London wurde früher von Dover aus mit Fisch versorgt, auch mit Seezungen.
Die beliebteste Zubereitungsart ist »à la meunière« oder zu gut Deutsch »auf Müllerinart«: durch Mehl gezogen und mit brauner Butter.

für 1 Person

Mehl
1 ausgenommene, geschuppte Seezunge
Olivenöl
Butter
Petersilie
1 Zitrone

Den Ofen auf 170° C vorheizen. Das Mehl mit Salz und Pfeffer würzen. Die Seezunge leicht mit Mehl bestäuben oder darin wenden.
In einer Pfanne Öl und Butter erhitzen und die Seezunge auf beiden Seiten etwa 2 Minuten braten. In einer Auflaufform platzieren und im Ofen etwa 4 Minuten fertig braten.
In einer weiteren Pfanne frische Butter leicht braun werden lassen. Über den fertigen Fisch geben, mit Petersilie und Zitronenschnitzen servieren.

Makrele mit Stachelbeersauce
Mackerel with Gooseberry Sauce (Cornwall)

Eine typisch englische Kombination, die auf das 16. Jahrhundert zurückgeht. Die Säure der Beeren bietet geschmacklich einen schönen Kontrast zur Makrele.

für 4 Personen

4 mittelgroße Makrelen
Butter

für die Stachelbeersauce:
30 g Butter
250 g Stachelbeeren
Zucker

Die Fische salzen und pfeffern, in eine Auflaufform legen und Butterflöckchen daraufsetzen. Bei 180° C je nach Größe 20 bis 30 Minuten braten.
Für die Sauce in einer Pfanne Butter zerlassen und die Stachelbeeren weich dünsten. Durch ein Sieb passieren und eine Prise Zucker hinzufügen, um den Beeren die gröbste Säure zu nehmen – die Sauce sollte jedoch nicht süß sein.

Varianten
Eine Prise geriebenen Ingwer in die Sauce geben.
Statt der Stachelbeer- eine Rhabarbersauce zubereiten: Rhabarber in etwas Apfelsaft garen, mit Zucker und Zitronensaft abschmecken.

Gegrillter Hering mit Senf
Norfolk Grilled Herring with Mustard (Norfolk)

Colman's, das berühmte englische Senfpulver in der gelben Dose, stammt aus Norwich, wo der Müller Jeremiah Colman Anfang des 19. Jahrhunderts damit begann, Senf zu mahlen – mit großem Erfolg. Da zur selben Zeit in Norfolk die Heringsindustrie ihren Höhepunkt erlebte, wurden Hering und Senf zu einer beliebten Kombination.

für 2 Personen

4 Heringe
1 TL Senfpulver
1 TL milder Essig
1 TL Zucker
Öl

Die Heringe ausnehmen und auf jeder Seite einige Male einschneiden. Senf, Essig, Zucker und eine Prise Salz zu einer Paste verrühren und die Fische damit einreiben.
Öl erhitzen und die Heringe auf jeder Seite etwa 5 Minuten braten, bis der Fisch gar ist.

In Milch pochierter Lachs
Salmon Poached in Milk (Wales)

für 4 - 5 Personen

1 kg Lachsfilet
Milch
1 Fenchelknolle
1 Lorbeerblatt
50 g Butter
2 EL Mehl

Den Fisch salzen, in einen Topf geben und mit ausreichend Milch bedecken. Den Fenchel fein hobeln und mit dem Lorbeerblatt dazugeben, alles langsam zum Kochen bringen. Wenn die Milch leicht köchelt, den Topf vom Herd nehmen und 10 bis 15 Minuten zugedeckt ziehen lassen. Das Filet herausnehmen und die Milch durch ein Sieb gießen.
Die Butter zerlassen, das Mehl unterrühren und mit der Lachsmilch eine Béchamelsauce zubereiten. Mit Salz und Pfeffer abschmecken. Das Fenchelgrün fein hacken und in die Sauce geben.

Aal in Apfelsaft
Eel Stewed in Cider (Somerset)

etwa 250 g Aal pro Person
Cidre oder naturtrüber Apfelsaft
Petersilie

Den Aal ausnehmen, enthäuten und in Stücke schneiden. Dicht nebeneinander in einen Topf oder eine Pfanne schichten und mit Cidre bedecken. Fast zum Kochen bringen und knapp unter dem Siedepunkt ziehen lassen, bis das Fleisch – mit etwas Hilfe – anfängt, sich vom Rückgrat zu lösen.
Den Aal herausnehmen und die Sauce etwas einkochen. Mit reichlich gehackter Petersilie servieren.

Kabeljau in Petersiliensauce
Cod in Parsley Sauce

für 3 - 4 Personen

600 g Kabeljaufilet
1 Zwiebel
50 - 75 g Butter
2 - 3 EL Mehl
500 ml Milch
1 Zitrone (Saft)
1 Bund Petersilie

Den Fisch in portionsgroße Stücke schneiden. In einem Topf mit Wasser bedecken, salzen und langsam zum Köcheln bringen, 3 Minuten ziehen lassen.
Die Zwiebel fein hacken. In einem zweiten Topf die Butter zerlassen und die Zwiebel glasig dünsten.
Das Mehl einrühren, bis eine Paste entsteht. Langsam unter ständigem Rühren die Milch zugießen, bis die Sauce die gewünschte Konsistenz hat – einen Teil der Milch kann man auch durch etwas Fischbrühe ersetzen. Mit Zitronensaft, Salz und Pfeffer abschmecken.
Den Fisch in der Sauce wieder erwärmen, dann die gehackte Petersilie zugeben.
Mit Kartoffeln servieren.

Fischküchlein
Fish Cakes

für 4 Personen

500 g Fisch
500 g Kartoffeln
2 Eier
2 EL Petersilie
Öl
Zitronen

für die Panade:
50 g Mehl
2 Eier
150 g Semmelbrösel

Den Fisch kochen und zerkleinern. Die Kartoffeln schälen und kochen. Mit dem Kartoffelstampfer pürieren. Die Eier aufschlagen und die Petersilie hacken. Alles gut vermengen, mit Salz und Pfeffer abschmecken und Frikadellen formen.
Die Zutaten für die Panade auf drei verschiedene Teller verteilen. Die Fischküchlein erst in Mehl, dann in Ei und zuletzt in den Semmelbröseln wenden. In Öl ausbraten.
Mit Zitronenscheiben servieren.

Fischauflauf
Fish Pie

für 4 Personen

500 g Seefischfilet
1 Räucherfischfilet
Milch
1 kg Kartoffeln
Butter
2 Stangen Porree
2 EL Mehl
Wermut
Muskatnuss

Den Fisch in einen Topf geben, mit Milch bedecken und bei schwacher Hitze garen.
Die Kartoffeln schälen und kochen. Mit dem Kartoffelstampfer pürieren, etwas Milch und reichlich Butter zugeben. Den Porree in Ringe schneiden und in etwas Wasser garen.
Den Fisch aus der Milch nehmen.
In einem Topf etwa 60 g Butter zerlassen und das Mehl einrühren, sodass eine Paste entsteht. Von der Fischmilch dazugeben und alles zu einer Sauce verrühren. Mit einem Schuss Wermut, Salz, Pfeffer und geriebenem Muskat abschmecken.
Den Fisch in eine Auflaufform schichten und mit etwas Sauce übergießen, den Porree darübergeben und mit Sauce übergießen – der Fisch soll aber nicht schwimmen. Mit dem Kartoffelbrei abschließen und Butterflöckchen daraufsetzen. Im Ofen bei 170° C Umluft etwa 20 Minuten backen.

Shrimps in Butter
Potted Shrimp (Lancashire)

Eine der bekanntesten Spezialitäten aus Lancashire. Früher wurden die frisch gefangenen Shrimps noch auf den Fischkuttern auf Kohleöfen in Salzwasser gekocht. Wenn die Fischer wieder im Hafen anlangten, warteten dort die Frauen und Kinder mit gewürzter Butter, um die Shrimps in irdenen Gefäßen »einzutopfen«. Unter dem Fett hielten sie sich länger.

für 6 - 8 Personen als Vorspeise

100 g Butter
Muskatnuss
Cayennepfeffer
500 g Shrimps
6 EL geklärte Butter

In einer Pfanne die Butter mit einer Prise geriebenem Muskat und etwas Cayennepfeffer bei schwacher Hitze zerlassen. Die Shrimps kurz darin erhitzen, aber nicht aufwallen lassen. Auf kleine Auflaufformen verteilen, mit der Butter vollständig bedecken und in den Kühlschrank stellen.
Wenn die Butter fest geworden ist, über eventuell herausragende Shrimps etwas geklärte Butter geben, damit eine glatte Oberfläche entsteht.
Mit Toast servieren.

Garnelen mit Sauerampfer-Mayonnaise
Corgimychiaid mewn saws suran / Prawns with Sorrel Mayonnaise (Wales)

Sauerampfer wächst, genau wie Bärlauch, überall in Wales wild.

für 4 - 6 Personen als Vorspeise

500 g geschälte Shrimps
1 Bund Sauerampfer
500 ml Mayonnaise, möglichst selbst gemacht
Olivenöl
Butter

Die Shrimps in Salzwasser kurz aufkochen, bis sie die Farbe wechseln. Den Sauerampfer von den Stängeln befreien, klein schneiden und mit kochendem Wasser übergießen. 10 Minuten stehen lassen, ausdrücken und pürieren. Mit der Mayonnaise vermischen.
Öl und Butter erhitzen und die Shrimps braten.
Auf einem Teller anrichten und mit der Mayonnaise servieren.

Miesmuscheln mit Porree in Apfelsaft
Mussels with Leeks in Apple Cider (Wales)

Im Englischen unterscheidet man zwischen »cockles« (Herzmuscheln), »clams« (Venusmuscheln, bei uns auch unter dem italienischen Namen »vongole« bekannt), »mussels« (Miesmuscheln) und »scallops« (Jakobsmuscheln).

für 4 Personen

2 kg Miesmuscheln
2 Stangen Porree
1 Zwiebel
50 g Butter
2 Knoblauchzehen
300 ml naturtrüber Apfelsaft oder Cidre
½ Bund Petersilie

Die Muscheln gründlich waschen und bürsten, offene aussondern. Den Porree klein schneiden, die Zwiebel fein würfeln.
In einem großen Topf oder Wok die Butter zerlassen. Zwiebel, zerdrückten Knoblauch und Porree bei schwacher Hitze anbraten. Den Apfelsaft zugießen, erhitzen und die Muscheln zugeben. Den Topf schließen und die Muscheln garen, bis sich alle geöffnet haben, dabei den Topf gelegentlich etwas schütteln. Die Muscheln, die sich nicht öffnen, aussondern.
Die Muscheln abgießen – den Sud auffangen – und auf Teller verteilen. Die Sauce nochmals kurz erhitzen, mit Salz und Pfeffer abschmecken, mit gehackter Petersilie bestreuen und über die Muscheln geben.

Pie mit Herzmuscheln und Speck
Pastai Gwyr / Gower Cockle Pie (Wales)

Gower ist eine Halbinsel im Süden von Wales mit schroffer Küste und schönen Sandstränden, an denen man bei Ebbe die Reste von Schiffswracks aus dem Meer ragen sieht. Dort werden auch die Algen für Laverbread (Seite 71) gesammelt. Die Austern der früher zahlreich vorhandenen Austernbänke wurden meist verkauft, während die Einheimischen »cockles« (Herzmuscheln) aßen. Diese hatten schon die Römer konsumiert.
Dieser Pie wird mit einer Schicht Kartoffelbrei als »Deckel« zubereitet. Wer ihn lieber im Teig zubereiten möchte, sollte das Teigrezept von Pie mit Schweinefleisch (Seite 115) als Grundlage nehmen. Dann so lange backen, bis der Teig durch ist.

für 4 - 6 Personen

1 - 1½ kg Herzmuscheln mit Schale
1 Zwiebel
Butter
400 g Bacon (Frühstücksspeck)
2 - 3 EL Mehl
500 ml Milch
1 Schuss Weißwein oder Brühe vom Muschelkochen
1 Bund Schnittlauch
ausreichend Kartoffelbrei, um die Auflaufform mit einer etwa 1,5 - 2 cm dicken Schicht zu bedecken
50 g geriebener Cheddar

Die Herzmuscheln säubern und kochen – entweder 5 Minuten in kochendem Wasser oder dämpfen, bis sich die Schalen öffnen. Die Muscheln abkühlen lassen und aus der Schale nehmen. Die Zwiebel hacken.
In einer Pfanne Butter zerlassen, Zwiebel und Bacon anbraten, bis die Zwiebel glasig und der Speck kross ist. Beides aus der Pfanne nehmen und zur Seite stellen. Das Mehl einrühren, bis eine Paste entsteht. Langsam unter ständigem Rühren Milch und Wein zugießen, bis die Sauce die gewünschte Konsistenz hat. Einige Minuten köcheln, dabei immer wieder umrühren, damit die Sauce nicht ansetzt. Die Muscheln hinzufügen, mit Salz und Pfeffer abschmecken. Die Zwiebel-Speck-Mischung wieder zugeben und nochmals kurz köcheln.
Die Sauce in eine Auflaufform füllen, klein geschnittenen Schnittlauch dazugeben und mit dem Kartoffelbrei abdecken. Etwas Cheddar darüberstreuen und die Form für 30 Minuten in den auf 180° C vorgeheizten Ofen stellen.

Fleisch
Meat

Lammkeule mit Minzsauce

Roast Leg of Lamb with Mint Sauce (Yorkshire)

Neben Roastbeef der zweite klassische Braten.

für 6 - 8 Personen

1 Lammkeule mit Knochen (2 ½ - 3 kg)
Öl
Minzsauce (Seite 134)

Die Lammkeule mit etwas Öl, Salz und Pfeffer einreiben und im auf 190° C vorgeheizten Ofen braten – pro Pfund etwa 20 Minuten, wenn das Fleisch »medium« werden soll, für »well done« etwa 25 Minuten.
Herausnehmen, in Aluminiumfolie hüllen und vor dem Aufschneiden gut 15 Minuten ruhen lassen.
Die Minzsauce getrennt dazu servieren.

Frikadellen aus Schweineleber

Ffagodau / Faggots (Wales)

Faggots sind eine Art Frikadelle aus Schweineleber. Sie werden häufig im Schweinenetz zubereitet, aber es geht auch ohne. Bergleute in Wales hielten sich oft ein Schwein, da es wenig Pflege brauchte, entweder Abfälle fraß oder sich selbst Futter suchte. Wurde das Tier geschlachtet, mussten die Innereien sofort verarbeitet werden, unter anderem zu Faggots.

500 g Schweineleber
2 Zwiebeln
50 g Rindertalg, reines Schweinefett oder fetter Speck
1 - 2 Eier
100 g Semmelbrösel
1 - 2 TL getrockneter Salbei

Leber, Zwiebeln und Fett klein schneiden und mit Ei, Semmelbröseln, Salbei und etwas Salz mischen. Bällchen in Frikadellengröße formen. Ist die Mischung zu feucht, mehr Semmelbrösel zugeben. In eine Auflaufform setzen und im Ofen bei 180° C 30 Minuten backen.
Dazu entweder Chips (Seite 93) oder Kartoffelbrei und Erbsenpüree I (Seite 152) reichen.

Traditioneller Eintopf aus Lancashire
Lancashire Hot Pot

Das Besondere an diesem Rezept ist der ofenfeste Tontopf mit dem senkrechten Rand. Er wird, mit Deckel, in den Ofen gestellt. Über die »richtigen« Zutaten wird gestritten: Meist wird Lamm verwendet, aber auch Rindfleisch ist nicht unüblich. Früher nahm man, was billig und gerade vorhanden war, zum Beispiel Austern.

für 5 Personen

10 - 15 Lammkoteletts
2 Lammnieren
1 kg Kartoffeln
3 Zwiebeln
½ l Rotwein, Brühe oder Wasser
2 Lorbeerblätter

Den Topf mit den Lammkoteletts auskleiden, mit dem breiteren Ende nach unten senkrecht gegen die Topfwand gestellt. Die Nieren in Scheiben schneiden, die Kartoffeln schälen und in Scheiben schneiden, die Zwiebeln grob hacken. Alles in die Mitte des Topfes schichten, mit Kartoffeln abschließen.
Den Wein angießen, die Lorbeerblätter zugeben, salzen und pfeffern. Im Ofen zugedeckt bei etwa 140° C anderthalb Stunden schmoren.
Traditionell wird dazu eingelegter Rotkohl serviert.

Variante
Möhren, Champignons und Austern ohne Schale klein schneiden und abwechselnd in die Mitte des Topfes geben, mit einer Schicht Kartoffeln abschließen.

Schäfers Pie
Shepherd's Pie / Cottage Pie

Ursprünglich ein Auflauf aus Lammfleischresten und Kartoffeln, konnte ihn sich jeder Schäfer gut über einem Feuerchen erwärmen. Ein Gericht nach dem gleichen Prinzip, aber mit Rindfleisch zubereitet, nannte sich Cottage Pie. Heutzutage allerdings spielt es keine Rolle mehr, welches Fleisch man verwendet – alles heißt Shepherd's Pie.

für 4 Personen

400 g Lamm- oder Rinderhack oder gewürfelte Fleischreste
2 Möhren
1 Zwiebel
Öl oder Schmalz
400 ml Brühe, Weißwein oder Wasser
1 Knoblauchzehe
2 - 3 EL Tomatenmark oder 3 Tomaten
½ TL Thymian
genügend Kartoffelbrei, um den Inhalt der Auflaufform abzudecken
eventuell etwas geriebener Käse, etwa Cheddar

Die Möhren schälen und in Scheiben schneiden, die Zwiebel hacken.
In einer Pfanne Fett erhitzen und die Zwiebel anbraten. Das Fleisch hinzufügen und ebenfalls anbraten. Dann die Möhren hinzufügen – werden Fleischreste verwendet, beides gemeinsam hineingeben. Mit Brühe auffüllen und zum Kochen bringen. Dann die Hitze reduzieren, zerdrückten Knoblauch, Tomatenmark und Thymian einrühren und alles 20 Minuten köcheln. Abschmecken, salzen und pfeffern, in eine Auflaufform geben und mit einer Schicht aufgewärmtem Kartoffelbrei bedecken. Je nach Geschmack mit Käse bestreuen und im Ofen bei 180° C 10 bis 15 Minuten überbacken.

Walisisches Honig-Lamm

Oen Cymreig Melog / Welsh Lamb

für 4 Personen

1½ kg Lammschulter oder -keule
1 TL geriebener Ingwer
5 EL Honig
300-500 ml naturtrüber Apfelsaft oder Cidre
frischer Rosmarin

Den Ofen auf 200° C vorheizen. Das Fleisch mit Salz, Pfeffer und Ingwer einreiben, in einen Bräter legen. Mit Honig beträufeln und mit Apfelsaft übergießen. Einige Rosmarinnadeln abzupfen und auf dem Fleisch verteilen, ein paar Zweige in die Sauce geben.
Im Ofen 30 Minuten braten. Die Temperatur auf 180° C reduzieren und das Fleisch eine weitere gute Stunde braten, wenn nötig, etwas Saft oder Wasser über das Fleisch gießen. Sollte es zu braun werden, mit etwas Aluminiumfolie abdecken.

Einfaches Kartoffelgericht aus Anglesey

Tawtws Popty / Potatoes Cooked in the Oven (Wales)

Fragt man Menschen auf Anglesey nach einem typischen Gericht ihrer Kindheit, so werden die meisten ab Mitte 40 von Tawtws Popty schwärmen.

für 4 Personen

1 Lammnacken
1 kg Kartoffeln
1 große Zwiebel

Den Ofen auf 170° C vorheizen. Die Kartoffeln schälen, große Knollen halbieren oder vierteln und in einer Auflaufform dicht nebeneinanderschichten. Die Zwiebel in Ringe schneiden und darüber verteilen, salzen und pfeffern. Wasser zugießen, sodass die Kartoffeln fast bedeckt sind. Den Lammnacken salzen und pfeffern, darauflegen und den Auflauf im Ofen anderthalb bis zwei Stunden backen, bis das Fleisch weich ist – das Wasser sollte fast verkocht und die Kartoffeln schön braun sein.

Hammel-Jalfrezi
Mutton Jalfrezi

Ein Gericht pakistanischer Herkunft, das auf Speisekarten in Großbritannien entweder mit Lamm/Hammel oder mit Rind angeboten wird.

für 4 Personen

Öl
1 kg Hammelgulasch
½ TL Kurkuma

für die Sauce:
3 große Zwiebeln
2 - 4 Chilischoten
Ghee oder Öl
1½ TL geriebener Ingwer
5 Knoblauchzehen
¼ l Joghurt
1 Prise gemahlener Zimt
1 Prise gemahlener Kardamom
1 Prise Gewürznelkenpulver
3 große Tomaten
2 Paprikaschoten
1 EL gemahlener Koriander
2 TL Kreuzkümmel
2 TL Garam Masala
1 Bund frischer Koriander

Reichlich Öl erhitzen und das Fleisch mit dem Kurkuma kurz anbraten. ¼ l Wasser zugießen und köcheln, bis das Fleisch weich ist – je nach Fleischsorte kann das bis zu anderthalb Stunden dauern. Wenn nötig, weiteres Wasser zugießen.
Für die Sauce die Zwiebeln grob und die Chilis fein würfeln. In einer Pfanne Fett erhitzen und die Zwiebeln glasig dünsten. Die Chilis eine Minute mitbraten. Ingwer und zerdrückten Knoblauch hinzufügen und kurz mitbraten. Alles aus der Pfanne nehmen und in den Joghurt mischen. Mit Zimt, Kardamom und Nelken würzen.
Die Tomaten würfeln. Die Paprika halbieren und entkernen, das weiße Fruchtfleisch entfernen, die Schote fein hacken. In der Pfanne frisches Fett erhitzen, Tomaten und Paprika anbraten. Aus der Pfanne nehmen.
Die Joghurtpaste in die Pfanne geben und kurz erhitzen, gemahlenen Koriander und Kreuzkümmel einrühren. Dann das Fleisch zugeben – sollte es zu trocken sein, etwas Wasser zugießen. Gut vermischen und etwa 5 Minuten erwärmen. Das Gemüse unterrühren und nur so lange auf dem Herd belassen, dass alles gut warm ist.
Das Garam Masala unterrühren und mit gehacktem Koriander servieren.

Lammfleischauflauf mit Äpfeln und Backpflaumen
Squab Pie

Dieser Pie ist sehr fruchtig und würzig. Wie er zu seinem Namen kam, ist nicht geklärt, denn »squab« bezeichnet eigentlich ein unflügges Vögelchen, insbesondere ein Täubchen. Die traditionellen Rezepte für diesen Pie verwenden aber Lamm-, gelegentlich auch Schweinefleisch.
Idealerweise bereitet man den Pie in zwei Lagen zu, was jedoch von der Größe der verwendeten Auflaufform abhängt. Also bitte vorher probeweise die Koteletts hineingeben und sehen, wie viele Schichten Fleisch hineinpassen – die anderen Zutaten dann entsprechend portionieren.

reichlich für 4 Personen

- *8 Lammkoteletts*
- *4 - 6 Äpfel*
- *12 Backpflaumen*
- *2 Prisen geriebene Muskatnuss*
- *2 Prisen Piment*
- *2 Prisen Zimt*
- *2 Zwiebeln*
- *150 ml naturtrüber Apfelsaft und/oder Fleischbrühe*
- *200 g Mürbe- (Seite 115) oder Blätterteig (tiefgefroren)*
- *1 Eigelb*
- *150 ml Clotted Cream oder Crème fraîche*

Eine Auflaufform mit einer Schicht Lammkoteletts auslegen. Die Äpfel schälen, entkernen, in Scheiben schneiden und in einer Lage über die Koteletts legen. Die Backpflaumen klein schneiden und die Hälfte davon über die Äpfel geben. Mit der Hälfte der Gewürze bestreuen. Eine Zwiebel in Scheiben schneiden und darauflegen.
Das Ganze wiederholen. Mit Saft übergießen, mit Blätterteig abdecken und mit Eigelb bestreichen.
In die Mitte des Teiges ein Loch schneiden, damit der Dampf abziehen kann. Den Pie bei 200° C 20 Minuten backen. Die Hitze auf 160° C reduzieren und weitere 45 Minuten backen.
Mit Clotted Cream servieren.

Eintopf aus Liverpool
Lobscouse

Die Stadt Liverpool liegt am Mersey und protzt mit zwei Kathedralen, meistens zwei Fußballklubs in der Premier League (FC Liverpool und Everton) und dem Cavern Club (Höhlenklub) – tatsächlich ein sehr tief gelegener Keller, in dem die bekannteste Band der Stadt, die Beatles, in einem Jahr 267 Auftritte absolvierte. Die Einwohner sprechen Scouse, nennen sich Scouser oder Liverpuddlian, und ein typisches Gericht, das mit den Matrosen an Land kam, heißt Lobscouse. Traditionell wurde es mit eingesalzenem Fleisch zubereitet. Ganz geklärt ist seine Herkunft nicht, vermutlich geht es auf das Hamburger Labskaus zurück. In Schweden kennt man übrigens Lapskojs.

für 4 Personen

1 Lammnacken
1 Beinscheibe vom Rind
2 Möhren
1 kleine Steckrübe oder Pastinake
1 Zwiebel
1 Stange Porree
250 g Kartoffeln
125 g Graupen
Essig
Zucker

Das Fleisch aufkochen, den Schaum abschöpfen und gut eine Stunde köcheln. Währenddessen Gemüse und Kartoffeln schälen, klein würfeln und mit den Graupen in die Brühe geben. Nochmals kochen, bis alles gar ist.
Das Fleisch vom Kochen lösen und in mundgerechte Stücke schneiden. Mit Salz und Pfeffer abschmecken, mit einem Schuss Essig und einer Prise Zucker verfeinern.

Walisischer Nationaleintopf
Cawl

Cawl ist ein sehr erdiger Eintopf und das Nationalgericht von Wales. Grundlage sind Wurzelgemüse und Lammfleisch sowie Speck, die traditionelle Dekoration besteht aus Ringelblumen.

für 4 - 6 Personen

1 Lammschulter
2 große Zwiebeln
100 g Speck
2 Lorbeerblätter
1 - 2 Pastinaken
250 g Möhren
1 Steckrübe
½ Kopf Weißkohl
500 g Kartoffeln
3 Stangen Sellerie
4 Stangen Porree
Petersilie
Ringelblumen

Die Lammschulter in einen Topf legen und mit ausreichend kaltem Wasser bedecken. Eine Zwiebel vierteln, den Speck würfeln, beides mit den Lorbeerblättern hinzugeben und zum Kochen bringen.
Während das Fleisch kocht, Pastinaken, Möhren und Steckrübe schälen und würfeln, den Weißkohl hobeln. Alles nach etwa anderthalb Stunden hinzufügen.
Nun die Kartoffeln schälen und würfeln, den Sellerie klein schneiden, die zweite Zwiebel in Ringe schneiden. Nach 30 Minuten zum Eintopf geben und 20 Minuten mitkochen. In dieser Zeit den Porree waschen und in Ringe schneiden.
Die Lammschulter aus der Brühe nehmen und prüfen, ob das Fleisch weich ist. Den Porree in die Brühe geben und 5 Minuten mitkochen. Die Brühe mit Salz und Pfeffer abschmecken, das Fleisch in Scheiben schneiden und zurück in den Topf geben. Vor dem Servieren mit Petersilie bestreuen und mit Ringelblumen dekorieren.

Schweinebraten mit Schwarte
Pork Roast with Crackling

Der dritte klassische Braten auf dem englischen Sonntagstisch.

für 4 Personen

1 Schweineschulter ohne Knochen mit Schwarte
Öl
einige Schalotten
250 ml naturtrüber Apfelsaft oder Cidre
eventuell Speisestärke

Den Ofen auf 220° C vorheizen. Die Schwarte der Schweineschulter rautenförmig einschneiden und mit 1 EL Salz einreiben. Einen Bräter mit etwas Öl einpinseln und das Fleisch mit der Schwarte nach oben hineinlegen. Die Schalotten schälen und dazugeben. Den Bräter in den Ofen schieben, nach 20 Minuten die Hitze auf 160° C reduzieren. Gut 100 Minuten braten.
Die Schweineschulter herausnehmen, in Aluminiumfolie hüllen und ruhen lassen. Währenddessen die Bratensauce zubereiten: Das Fett, soweit möglich, aus dem Bräter herausschöpfen. Etwas Apfelsaft angießen und versuchen, den Bratensatz zu lösen. Durch ein Sieb in einen Topf gießen und erhitzen. Den restlichen Apfelsaft zugießen und vermischen. Für eine sämige Sauce etwas Speisestärke mit kaltem Wasser verrühren und unterrühren. Die Bratensauce in einer Sauciere servieren.
Dazu wird Apfelmus (Seite 137) und Kartoffelpüree gereicht.

Gekochter Schinken in Petersiliensauce
Boiled Ham with Parsley Sauce

Ein traditionelles Gericht, denkbar einfach in der Zubereitung, nach einem Rezept von Gillie Davis

für 8 Personen

2 kg Schinkenbraten am Stück (beim Metzger vorbestellen)
10 Möhren
2 Zwiebeln
2 Stangen Sellerie
8 Gewürznelken
3 Lorbeerblätter
12 schwarze Pfefferkörner
200 g getrocknete große weiße Bohnen
Kartoffeln
Petersiliensauce (Seite 98, aber ohne Fischfond)

Den Schinken in einen Topf legen und mit ausreichend kaltem Wasser bedecken. Die Möhren schälen, die Zwiebeln mit Schale halbieren. Beides mit dem Sellerie und den Gewürzen zugeben, salzen, pfeffern und zum Kochen bringen. Die Hitze reduzieren und köcheln – pro 500 g etwa 25 Minuten.
Etwa 45 Minuten vor dem Ende der Kochzeit die Bohnen hinzufügen. Die Kartoffeln schälen und nach etwa 20 Minuten hinzufügen. Währenddessen die Petersiliensauce zubereiten.
Den Schinken aus der Brühe heben. Testen, ob die Bohnen gar sind. Zwiebeln und Sellerie entsorgen. Den Schinken in Scheiben schneiden und mit Bohnen, Kartoffeln und Möhren servieren. Die Petersiliensauce getrennt dazu reichen.
Die Brühe könnte man zum Beispiel auch für die Zubereitung von »London Particular« (Seite 80) verwenden.

Schweinefilet mit Bärlauch

Porc gydagarlleg gwyllt / Pork with Ramson (Wales)

Wilder Knoblauch, lateinisch Allium ursinum, ist als Bärlauch bei uns in den letzten Jahren recht populär geworden. Im Frühling und Frühsommer findet man ihn in Wales reichlich. Alle Waliser wissen, wo das Kraut gedeiht – kein Wunder bei dem recht intensiven Duft –, doch auf die Frage, ob sie damit kochen, schauen sie überrascht auf. Der sei essbar? Welchen Teil verwende man denn? Die Wurzel? Ach so, die Blätter! Very interesting, indeed.

Gerüchten zufolge erreichte der Porree Wales erst, als er schon längst dessen Wahrzeichen war. Bei dem symbolgebenden Lauch könnte es sich also um Bärlauch gehandelt haben.

für 4 Personen

750 g Schweinefilet
Olivenöl
Butter
75 ml Weißwein
½ Bund Bärlauch

für die Sauce:
500 ml Sahne
2 Knoblauchzehen

Für die Sauce die Sahne erhitzen und den zerdrückten Knoblauch zugeben. Aufkochen und bei kleiner Hitze weiterköcheln, bis die Sahne merklich reduziert und zähflüssiger ist. Mit Salz und Pfeffer abschmecken.

Währenddessen das Schweinefilet in etwa 2 cm dicke Medaillons schneiden. Öl und Butter erhitzen und die Medaillons kurz auf beiden Seiten anbraten. Wein angießen und die Hitze reduzieren, alles 5 Minuten garen.

Der Bärlauch in Streifen schneiden. Die Medaillons mit Sauce und Bärlauch servieren.

Pie mit Schweinefleisch
Melton Mowbray Pork Pie (Leicestershire)

In England kann man überall in Metzgereien kleine Pork Pies kaufen. Man isst sie mit Senf oder Chutney – ein hervorragender landestypischer Snack.

für 6 - 8 Personen als Vorspeise

100 g magerer Speck
250 g Zwiebeln
Muskatnuss
Piment
gehackter Thymian
1 TL Sardellenpaste
Zucker
1 kg durchwachsene Koteletts
Butter
75 ml Rinderbrühe
1 Ei

für den Mürbeteig:
350 g Mehl
150 g Schmalz und/oder Butter
1 Ei

Für den Teig das Mehl mit 1 TL Salz vermischen. Das Fett in kleine Stücke schneiden und einarbeiten. Das Ei schlagen und untermischen. Etwas Wasser hinzugeben, bis ein geschmeidiger, aber noch fester Mürbeteig entsteht. Eine Auflaufform (1¼ l) mit dem Teig auskleiden, dabei genug für den »Deckel« übrig lassen.
Den Speck klein schneiden und die Zwiebeln hacken, beides miteinander vermischen und mit Salz, Pfeffer, einer Prise geriebenem Muskat, einer Prise Piment, Thymian, Sardellenpaste und einer Prise Zucker würzen.
Das Fleisch in kleine Würfel schneiden. Schichtweise Fleisch und etwas Speck-Zwiebel-Mischung in die Auflaufform geben, bis alle Zutaten aufgebraucht sind. Butterflöckchen daraufsetzen und mit Brühe übergießen.
Den Teigdeckel darüberlegen, in der Mitte ein kleines Loch ausstechen, damit der Dampf entweichen kann. Mit dem gequirlten Ei bestreichen. Im Ofen bei 220° C 25 Minuten backen, dann die Temperatur auf 160° C reduzieren und weitere 45 Minuten backen.

Gefüllte Teigtasche aus Cornwall
Cornish Pasty

In den Zinnminen Cornwalls nahmen früher Bergleute gefüllte Teigtaschen als Mittagessen mit unter Tage. Füllungen gab es in allen Varianten, jeder hatte seine Lieblingsmischung. Um die Pasties auseinanderhalten zu können, ritzten die Familienmitglieder vor dem Backen ihre Initialen in eine Ecke der Teigtasche. Der Legende nach würde der Teufel es nie wagen, den Fluss Tamar in Richtung Cornwall zu überqueren, aus Angst, als Pasty-Füllung zu enden. Die Standardmischung ist wenig diabolisch und besteht aus Rindfleisch, Kartoffel und Steckrübe. Nur Fisch darf sie seltsamerweise nicht enthalten, trotz der langen Küste Cornwalls. Es galt sogar als Unglück bringend, wenn Fischer eine Pasty mit hinaus aufs Meer nahmen.
Früher war es auch üblich, zwei unterschiedliche Füllungen hineinzugeben, sodass ein Teil herzhaft und der andere süß war – eine komplette Mahlzeit samt Dessert.
Wenn das Cornish Rugby Team ein wichtiges Spiel zu bestreiten hat, wird noch heute die gigantische Nachbildung einer Cornish Pasty als eine Art Ballon gehisst.

für 2 Personen als Hauptmahlzeit oder für 4 als Vorspeise

250 g Mehl
125 g Schmalz und Butter
1 Ei

für die Füllung:
250 g Steak
2 große Kartoffeln
1 Stück Steckrübe
1 Zwiebel

Aus Mehl, Fett und etwas Wasser einen Mürbeteig zubereiten. Wenn er zu krümelig ist, teelöffelweise Wasser zugeben, bis er zusammenhält. 30 Minuten kühl stellen.
Für die Füllung alle Zutaten in kleine Würfel schneiden, gut miteinander vermischen und würzen.
Den Teig vierteln und zu vier gleich großen Kreisen ausrollen. Die Ränder mit etwas geschlagenem Ei bestreichen. Ein Häufchen Füllung auf jedes Teigstück setzen, dabei einen Rand lassen und so zusammenklappen, dass ein Halbkreis entsteht. Den Rand umschlagen, festdrücken und die Teigstücke mit dem restli-

chen geschlagenen Ei bestreichen. Einen kleinen Schlitz anbringen, damit Dampf entweichen kann. Im vorgeheizten Ofen bei 200° C 30 Minuten backen. Die Hitze auf 180° C reduzieren und weitere 20 bis 30 Minuten backen.

Steak-und-Nieren-Pie

Steak and Kidney Pie (Sussex)

Ein Klassiker der englischen Küche, wenn auch erst seit etwa 150 Jahren. Der Unterschied zu einem Steak and Kidney Pudding besteht darin, dass die Füllung für den Pie vorgekocht und am Ende relativ kurz mit einem Teigdeckel überbacken wird, während der Pudding in seiner mit Teig ausgeschlagenen Form stundenlang gart – und es von außen schwer festzustellen ist, wann das Fleisch gar ist. Traditionell wird der Teig für den Pudding mit Talg oder Schmalz zubereitet, wohingegen beim Pie Blätterteig verwendet wird.

für 4 Personen

Blätterteig
1 Eigelb

für die Füllung:
500 g Steak
250 g Lammnieren
Öl
Butter
1 Zwiebel
150 ml Rinderbrühe
150 ml Rotwein
1 Bouquet garni (Seite 83)
150 g Pilze
Worcestershire-Sauce

Für die Füllung Steak und Nieren würfeln. Öl und Butter erhitzen und beides anbraten. Wenn Steak und Nieren rundum schön angebräunt sind, aus der Pfanne nehmen. Die Zwiebel würfeln und im selben Fett glasig anbraten. Das Fleisch wieder in die Pfanne geben, Brühe, Wein und Kräuter beifügen. Gut eine Stunde köcheln, bis das Fleisch gar ist. Die in Scheiben geschnittenen Pilze hinzufügen und kurz mitkochen. Mit Salz, Pfeffer und etwas Worcestershire-Sauce abschmecken.
Die Füllung in eine Pie- oder Auflaufform geben, den Teig ausrollen und als »Deckel« über die Füllung legen. In der Mitte ein kleines Loch ausstechen, damit der Dampf entweichen kann. Mit Eigelb bestreichen und bei 180° C 30 Minuten backen.
Zum Servieren den Teig abnehmen und in vier Teile schneiden. Die Füllung auf Teller verteilen und mit je einem Teigstück »dekorieren«.

Rinderbraten
Roast Beef (Yorkshire)

In (fast) jedem englischen Kochbuch beginnt der Abschnitt über das Fleisch mit Roast Beef. Es ist ein so typisches Lunch an Sonn- und Feiertagen, dass Jane Grigson in ihrem Kochbuch »English Food« vor dem niedrigen Gasdruck an ebendiesen Tagen warnt, wenn ganz England seinen Braten in die Röhre schiebt. An anderer Stelle betont die Autorin, wie wichtig ein gut abgehangenes Stück Fleisch für das Gelingen eines Bratens ist. Ist das Fleisch gut, so ist das Braten ein Kinderspiel: »Any fool can do it.«
Da der Braten zwei bis drei Kilogramm wiegt, sollten Sie Freunde einladen. Die Mengenangaben sind vage – ich liebe geschmorte Schalotten und werfe deswegen ein ganzes Pfund in den Bräter, aber zwei bis drei tun es auch.
Mit zwei Gemüsesorten der Saison – Kartoffeln zählen auch – serviert, bildet »Meat and Two Veg« den Inbegriff der gutbürgerlichen, englischen Küche.

mindestens 3 Stunden vorher beginnen
für 6 - 8 Personen

Öl
2 - 3 kg Rindfleisch: hohe Rippe mit Knochen oder ein Lendenstück (das, was sonst als Rumpsteak aufgeschnitten wird)
Kartoffeln (so viele im Bräter rund um den Braten einlagig Platz haben)
einige Knoblauchzehen
einige Schalotten
einige Thymianzweige
Rinderbrühe, selbst gemacht

Den Ofen auf 190° C vorheizen. Den Bräter etwas einfetten. Das Fleisch mit Salz und Pfeffer einreiben und in den Bräter setzen. Kartoffeln schälen und um das Fleisch verteilen. Knoblauch und Schalotten ebenfalls schälen und im Bräter verteilen, Thymianzweige hinzufügen. Den Bräter in den Ofen stellen – die Bratzeit beträgt 15 bis 30 Minuten pro Pfund, je nachdem, ob das Fleisch »rare«, »medium rare« oder »well done« werden soll. Alle 15 bis 20 Minuten den Braten mit etwas Rinderbrühe begießen.
Den Braten aus dem Ofen nehmen und vor dem Tranchieren 15 bis 20 Minuten in Aluminiumfolie hüllen und ruhen lassen.
Dazu Meerrettichsauce (Seite 136) reichen.

Geflügel und Wild
Poultry and Game

Hühnchen-Pie

Chicken Pie / Charter Pie (Cornwall)

mindestens 3 Stunden vorher beginnen
für 4 Personen

1 Huhn
2 Stangen Sellerie
2 Stangen Porree
3 Möhren
1 Bund Petersilie
Thymianzweige
1 Lorbeerblatt
½ Glas Weißwein
2 EL Butter
2-3 EL Mehl
150 ml Sahne oder Milch
200 g Blätter- oder Mürbeteig (Seite 115)
1 Eigelb

Das Huhn in einen Topf mit kaltem Wasser geben, das Wasser zum Kochen bringen und das Huhn eine Stunde garen, dabei regelmäßig abschäumen. Währenddessen das Gemüse säubern und klein schneiden.

Gemüse, Kräuter und Wein zugeben und alles weitere 30 Minuten köcheln, bis sich das Fleisch vom Knochen zu lösen beginnt.

Das Huhn aus dem Topf nehmen und abkühlen lassen, die Brühe durch ein Sieb gießen. Das Gemüse zur Seite legen, die Kräuter entsorgen. Die Brühe einkochen, bis noch etwa 300 ml übrig sind. Das abgekühlte Huhn von den Knochen befreien und das Fleisch zerpflücken.

In einem Topf die Butter zerlassen, das Mehl einrühren und die Sahne langsam unter Rühren dazugeben, sodass eine schöne Béchamelsauce entsteht. Mit der eingekochten Brühe zur gewünschten Konsistenz bringen.

Eine Auflaufform mit zwei Dritteln des Blätterteigs auslegen, Huhn und Gemüse hineingeben, mit Sauce übergießen und das restliche Drittel des Blätterteigs darüberlegen. Die Ränder mit denen des unteren Teigs zusammenpressen, mit einem Eigelb bestreichen. In der Mitte des Teigdeckels ein Loch ausschneiden, damit der Dampf entweichen kann. Im Ofen bei 180° C 30 bis 40 Minuten backen.

Gepökelte Ente
Salt Duck (Wales)

Lady Llanover (1802–1896), Tochter einer Familie aus dem englischen Lincolnshire, wuchs im walisischen Monmouthshire auf und heiratete Benjamin Hall, der im Oberhaus (House of Lords) saß. Als Bevollmächtigter der Stadt London gab er den Glockenturm in Westminister in Auftrag, der später seinen Namen tragen sollte: Big Ben. Lady Llanover kochte walisisch, förderte die walisische Musik und Sprache, und ihre Dienerschaft musste Nationaltracht tragen und Walisisch sprechen. Bei diesem für Wales typischen Gericht rieb Lady Llanover die Ente drei Tage lang immer wieder mit Salz ein. Man kann sie aber auch in Lake marinieren – zwei Tage empfiehlt Jane Grigson, eine Woche dagegen Fergus Henderson.

Für die Lake alle Zutaten in 4 l Wasser zum Kochen bringen, dann abkühlen lassen. Die Gewürze entweder in der Lake lassen oder abseihen. Das Fleisch hineingeben und zwei bis sieben Tage marinieren. Wichtig ist, dass das Fleisch ganz von Wasser bedeckt ist – notfalls einen Teller darauf stellen und mit einem Topf oder einem Stein beschweren.

Am Tag der Zubereitung das Fleisch aus der Lake nehmen und in einem frischen Topf, gerade eben mit Wasser bedeckt, zum Kochen bringen. Eine Stunde leise vor sich hin köcheln, bis das Fleisch sich vom Knochen zu lösen beginnt.

Mit Zwiebelsauce (Seite 135) oder Laverbread (Seite 71) und Orangensauce (Seite 134) servieren.

Wenn man Salpeter zum Pökeln verwendet, etwas weniger Salz nehmen.

mindestens 2 Tage vorher beginnen
für 4 Personen

1 Ente (oder nur Schenkel und/oder Brüste)

für die Lake:
400 g Meersalz
600 g Zucker
1 TL Wacholderbeeren
1 TL schwarze Pfefferkörner
1 TL Gewürznelkenpulver
3 Lorbeerblätter
1 kleines Stück Muskatnuss (nicht gerieben)

Hühnchen Tikka Massala
Chicken Tikka Massala

am Vortag beginnen
für 6 Personen

1 kg Hühnerbrust

für die Marinade:
200 ml Joghurt
2 EL geriebener Ingwer
1 EL zerdrückter Knoblauch
¼ TL gemahlener Kreuzkümmel
¼ TL gemahlener Koriander
¼ TL geriebene Muskatnuss
¼ TL gemahlener Kardamom
2 klein gehackte Chilischoten
¼ TL Kurkuma
3 EL Zitronensaft
3 EL Erdnussöl

für die Sauce:
400 ml ganze Tomaten aus der Dose
1 Zwiebel
Öl
2 EL Tomatenmark
1 EL geriebener Ingwer
1 EL zerdrückter Knoblauch
250 ml Kokosmilch oder Sahne
1 TL Garam Masala
frischer Koriander

Chicken Tikka Massala ist ein anglo-indisches Gericht, dessen Entstehung hinter aromatischen Küchendämpfen indisch-pakistanischer Provenienz verborgen liegt. Der Legende nach hat es ein indischer Koch in den 1960er Jahren »erfunden«, als Gäste seines Restaurants das Chicken Tandoori zu trocken fanden und Sauce verlangten. Zufällig hatte er gerade eine Büchse Tomatensuppe zur Hand (übrigens der Marke, die Andy Warhol verewigte), die er amüsiert über das Gericht goss.
»Chicken Tikka Massala ist zu einem wahren britischen Nationalgericht geworden, nicht nur, weil es inzwischen das beliebteste ist, sondern auch, weil es perfekt illustriert, wie Britannien Einflüsse von außen absorbiert und sich einverleibt. Chicken Tikka ist ein indisches Gericht. Die Massala-Sauce wurde hinzugefügt, um den Wunsch des britischen Volkes zu erfüllen, sein Fleisch mit Sauce serviert zu bekommen«, erläuterte der damalige Außenminister Robin Cook (»Guardian« vom 21. April 2001).

Das Hühnerfleisch in große Würfel schneiden. Für die Marinade alle Zutaten miteinander verrühren. Das Huhn darin einlegen und über Nacht in den Kühlschrank stellen.
Am nächsten Tag den Ofen auf 170° C vorheizen. Das Huhn aus der Marinade nehmen und abtropfen lassen. Etwa 8 Minuten backen, dann aus dem Ofen nehmen.
Währenddessen für die Sauce die Tomaten klein schneiden und die Zwiebel hacken. Öl erhitzen und die Zwiebel glasig anbraten. Tomaten und Tomatenmark hineinrühren, etwas Wasser angießen, damit es nicht zu trocken wird, und köcheln. Ingwer und Knoblauch unterrühren, Kokosmilch zugießen. Die Hühnerstücke in die Sauce legen und durchziehen lassen. Zuletzt das

Garam Masala dazugeben, das Gericht sollte nicht mehr kochen.
Vor dem Servieren mit gehacktem Koriander bestreuen.

Balti-Huhn
Balti Chicken (Birmingham)

für 4 Personen

2 Paprikaschoten
2 - 4 Chilischoten
1 Zwiebel
Öl oder Ghee
4 Hühnerbrüste
3 EL Balti-Paste (Seite 138)
1 Portion Balti-Sauce (Seite 139)
1 Bund Koriander

Die Paprika halbieren und entkernen, das weiße Fruchtfleisch entfernen, die Schoten in 1 cm große Quadrate schneiden. Die Chili halbieren und entkernen, das weiße Fruchtfleisch entfernen, die Schote fein hacken. Die Zwiebel würfeln.
In einem Wok oder einer großen Pfanne das Öl erhitzen und die Zwiebel glasig anbraten. Paprika und Chili zugeben, etwa 3 Minuten braten, dann aus der Pfanne nehmen.
Die Hühnerbrüste enthäuten und in bissgroße Stücke schneiden. Frisches Fett erhitzen und die Hühnerstücke rundherum anbraten. Balti-Paste zugeben und die Hühnerstücke darin wenden. Mit Balti-Sauce übergießen und das Gemüse wieder zugeben, 10 Minuten köcheln.
Zum Servieren mit gehacktem Koriander bestreuen.
Dazu schmeckt Basmatireis.

Krönungshuhn
Coronation Chicken

Diesen Geflügelsalat kreierte Constance Spry, eine beliebte Kochbuchautorin der 1950er Jahre (»The Constance Spry Cookery Book«), anlässlich der Krönung von Elizabeth II. 1953.

für 4 Personen

4 Hühnerbrüste
1 kleine Zwiebel
Öl
1 EL Curry-Paste
1 EL Tomatenmark
100 ml Rotwein
½ Zitrone (Saft)
1 Lorbeerblatt
2 Aprikosen
250 ml Mayonnaise
100 ml Sahne
Brunnenkresse

Die Hühnerbrüste enthäuten und in bissgroße Stücke schneiden. Die Zwiebel klein würfeln.
In einer Pfanne Öl erhitzen und das Fleisch braten, dann herausnehmen und zur Seite stellen. Die Zwiebel in der Pfanne glasig dünsten. Curry-Paste und Tomatenmark hineinrühren. Rotwein und Zitronensaft zugießen und mit dem Lorbeerblatt 10 Minuten einkochen.
Das Lorbeerblatt entfernen, die Sauce durch ein Sieb streichen und abkühlen lassen. Die Aprikosen entsteinen und pürieren. Die abgekühlte Sauce und das Aprikosenpüree unter die Mayonnaise rühren. Die Sahne steif schlagen und unter die Mayonnaise heben, mit Salz und Pfeffer abschmecken. Die Hühnerstücke in die Mayonnaise geben und mit Brunnenkresse dekorieren.

Variante
Beim Jubilee Chicken, das anlässlich des 50-jährigen Thronjubiläums der Queen serviert wurde, wird das Huhn vor dem Braten in Ingwer, Knoblauch und Limettensaft mariniert. Auf die Currysauce wird verzichtet. Die Mayonnaise wird mit Crème fraîche, etwas Limettensaft und -schale sowie geriebenem Ingwer zubereitet.

Hühnchen mit Met
Lindisfarne Chicken (Northumberland)

Lindisfarne, auch Holy Island (heilige Insel) genannt, liegt vor der Nordostküste Englands. Die Mönche, die einmal dort lebten, brauten Met aus Honig und Kräutern, der ihre Körper kräftigen sollte, aber auch als Aphrodisiakum bekannt war. »Honeymoon«, der englische Begriff für Flitterwochen, hat übrigens mit dem alten Brauch zu tun, dass Frischvermählte einen Monat (Mond) lang Met trinken sollten, um ihre Fruchtbarkeit zu fördern.

für 4 Personen

Öl
Butter
4 Hühnerschenkel
1 Zwiebel
200 g Champignons
½ Bund Petersilie
½ Zitrone (Saft)
250 ml Met

Öl und Butter erhitzen und die Hühnerschenkel rundum anbraten, dann in eine Auflaufform legen. Den Ofen auf 170° C vorheizen. Die Zwiebel fein würfeln und ebenfalls anbraten. Die Champignons in Scheiben schneiden und hinzufügen. Die Petersilie hacken und mit dem Zitronensaft zugeben. Den Met hinzugießen, erhitzen und alles über die Hühnerschenkel gießen. Im Ofen 45 bis 60 Minuten garen, bis das Huhn durch ist.

Pute mit Füllung und Sauce
Roast Turkey with Stuffing and Gravy

Bei uns kommt das Christkind beziehungsweise der Weihnachtsmann an Heiligabend. Father Christmas bringt seine Gaben in der Nacht zum 25. Dezember, sodass englische Kinder erst am Morgen auspacken dürfen. Den Mittelpunkt des Christmas Lunch am 25. bildet die Pute.
Man rechnet etwa ein Pfund pro Esser, also fünf Kilogramm für zehn Personen. Das ist reichlich, aber nichts ist peinlicher bei einem Festessen, als zu wenig anzubieten zu haben …
Schon bevor der Truthahn aus der Neuen Welt eingeführt wurde, aß man in England große Vögel wie Schwäne und Pfaue.

mindestens 3 Stunden vorher beginnen

1 Pute
400 g Bacon (Frühstücksspeck)

für die Füllung:
500 g Weißbrot
3 Stangen Sellerie
2 Zwiebeln
250 g geröstete Maronen
1 Bund Petersilie
60 g Butter
2 Rosmarinzweige oder 1 TL getrocknetes Rosmarin

Für die Füllung das Brot in Würfel schneiden und im Ofen rösten. Den Sellerie schneiden und die Zwiebeln hacken. Die Maronen schälen und vierteln, die Petersilie hacken. In einer großen Pfanne Butter zerlassen, Zwiebeln und Sellerie dünsten, bis die Zwiebeln glasig sind und der Sellerie etwas weich. Rosmarin und Maronen zugeben. Das knusprige Brot mit der Petersilie zum Gemüse geben, alles vom Herd nehmen.
Die Pute auf ein langes Stück Aluminiumfolie in den Bräter setzen und mit der Füllung stopfen. Mit Bacon bedecken und die Aluminiumfolie schließen, sodass die Pute völlig eingehüllt ist. Den Bräter in den Ofen schieben und bei 170° C 15 bis 20 Minuten pro Pfund braten – bei einem Zehnpfünder also nach zweieinhalb Stunden zum ersten Mal nachsehen und in den Schenkel stechen. Die herausrinnende Flüssigkeit sollte klar sein, wenn sie noch rötlich ist, braucht der Vogel noch Zeit. Während der letzten 30 Minuten die Folie öffnen, damit der Bacon braun werden kann. Die Pute aus dem Ofen nehmen, aus dem Bräter heben und zugedeckt ruhen lassen, bis die Sauce fertig ist, erst dann tranchieren.

Währenddessen die Sauce zubereiten: Sind keine Innereien dabei, die Flügel der Pute abschneiden und mitkochen. Alle Zutaten in einen Topf geben, mit Wasser bedecken, zum Kochen bringen und zwei Stunden köcheln. Dann die Brühe mit den gekochten Innereien abgießen und alle Gewürze entsorgen – bis auf die Möhren, das Fleisch und, wenn noch erhalten, die Zwiebeln. Möhren und Zwiebeln im Mixer mit etwas Flüssigkeit pürieren, das Fleisch klein schneiden. Alles zurück in den Topf zur restlichen Brühe geben. Die im Bräter verbliebene Flüssigkeit entfetten (wenn man will), in die Sauce gießen und gut verrühren.

für die Sauce:
1 Säckchen Innereien ohne Leber plus Hals
1 Zwiebel, geviertelt
1 Zwiebel, mit 1 Gewürznelke gespickt
2 Möhren, geviertelt
2 Stangen Sellerie, in 10 cm langen Stücken
1 Bund Petersilie
2 Lorbeerblätter
1 TL Pfefferkörner
1 TL Korianderkörner

Hühnchen mit Backpflaumenfüllung
Hindle Wakes (Lancashire)

am Vortag beginnen
für 4 Personen

1 Huhn
1 Zitrone
Petersilie
einige Backpflaumen, eingeweicht

für die Füllung:
250 g Backpflaumen
2 Scheiben Weißbrot
3 Stängel Petersilie
3 Thymianzweige
etwas Majoran und Salbei
1 EL Malzessig (ersatzweise Apfel- oder Weißweinessig)
1 EL Vollrohrzucker

für die Brühe:
Innereien ohne Leber
1 Zwiebel, geviertelt
1 Zwiebel, mit 2 Gewürznelken gespickt
2 Stangen Sellerie, halbiert
1 Lorbeerblatt
½ Bund Petersilie
3 Thymianzweige
3 EL Malzessig

für die Sauce:
1 EL Butter
1 - 2 EL Mehl
150 ml Milch
150 ml Sahne
1 ungespritzte Zitrone (abgeriebene Schale und Saft)

Ein Gericht, das traditionell während der Wakes Weeks (Seite 190) kalt gegessen wurde. Angeblich brachten es flämische Weber, die im 14. Jahrhundert nach Bolton in Lancashire kamen, mit.

Für die Füllung die Backpflaumen in wenig Wasser einmal aufkochen, vom Herd nehmen und 20 Minuten ziehen lassen. Das Weißbrot würfeln und in einer Pfanne anrösten. Die Kräuter hacken. Die Backpflaumen klein schneiden und mit den übrigen Zutaten vermischen. Das Huhn damit stopfen und in einen Topf legen.
Für die Brühe die Innereien klein schneiden. Mit den übrigen Zutaten in den Topf geben und Wasser angießen, bis das Huhn knapp bedeckt ist. Zum Kochen bringen, die Hitze reduzieren und zugedeckt anderthalb Stunden köcheln.
Für die Sauce die Butter zerlassen und das Mehl einrühren, bis eine Paste entsteht. Langsam unter ständigem Rühren die Milch zugießen, 300 ml Hühnerbrühe abmessen und zugeben. Köcheln und dabei rühren, bis die Sauce sämig ist. In einem zweiten Topf die Sahne mit Zitronensaft und -schale erhitzen. Vom Herd nehmen und in die Sauce einrühren, mit Salz und Pfeffer abschmecken.
Das Huhn vollständig erkalten lassen, eventuell über Nacht im Kühlschrank. Die Sauce so weit erhitzen, dass sie streichfähig ist. Das Huhn damit einstreichen, bis es ganz bedeckt ist. Mit dünnen Zitronenscheiben, Petersilie und Backpflaumen dekorieren.

Beim Frühstücksgericht Kedgeree (Seite 76), was in keinem englischen Kochbuch fehlt, zeigt sich der indische Einfluss auf die Inselküche.

Außen knusprig und innen saftig: So sollte das Roast Beef (Seite 118) aussehen. Dazu serviert man traditionell den Yorkshire-Pudding.

Sauer Eingelegtes lieben die Engländer (Seite 156) – überall und immerzu.

Anything goes – zwischen den Toastscheiben ist vieles möglich (Seite 171).

Scones (Seite 188) bilden die klassische Beilage zum Afternoon Tea. Ob Clotted Cream, Blaubeeren, Himbeerkonfitüre oder Orangenmarmelade dazu gereicht werden – den Variationsmöglichkeiten sind keine Grenzen gesetzt.

Wird man gefragt: »Fancy a cuppa?«, ist das eine Einladung zu einer Tasse Tee.

Gerichte und ihre Geschichte (eine Auswahl)

Stefan Ullmann
Australisch kochen
200 S., Hardcover
ISBN 978-3-89533-281-4
€ 16,90
Ein kulinarischer Streifzug – von den angelsächsischen Wurzeln der Einwanderer über die traditionellen Gerichte der Aborigines bis hin zur multiethnischen Kochkunst von heute: »Irish Stew«, »Emu mit Orangen«, »Kolonistengans« oder »Bananen Pakalolo«.

Madhur Jaffrey
Indisch kochen
200 S., Hardcover
ISBN 978-3-89533-247-0
€ 16,90
»Ohne Zweifel das beste Buch seiner Art«, lobte die »Financial Times« die englische Originalausgabe. Die aus Delhi stammende Autorin berichtet über alltägliche Snacks ebenso wie über raffinierte Gewürzmischungen und Saucen.

Jürgen Schneider
Irisch kochen
232 S., Hardcover
ISBN 978-3-89533-249-6
€ 16,90
Ein ausführlicher Blick in die Geschichte der irischen Küche. »Das, was dieses Buch zu etwas Außergewöhnlichem macht, sind nicht nur die liebevoll gesammelten Rezepte, sondern die Geschichten zur irischen Küche.« (Deutsch-Irische Gesellschaft)

Magrit Liepe
Polnisch kochen
166 S., Hardcover
ISBN 978-3-89533-414-6
€ 16,90
Die polnische Küche umfasst Regionalgerichte, die gerade für deutsche Gaumen Neugierde wecken: Danziger Hering (mit Muskat gewürzt), Sächsische Königssuppe (mit Vanille und Weißwein), Reis auf masurische Art (mit Backpflaumen).

Márcia Zoladz
Portugiesisch kochen
168 S., Hardcover
ISBN 978-3-89533-212-8
€ 16,90
Portugals Kochkultur gibt einen Einblick in die Geschichte des Landes: Südfrüchte im Essen verweisen auf die arabischen Besatzer, Pfeffer und Muskat erinnern an das Zeitalter der Entdeckungen, Maisgerichte an die Kolonialzeit in Amerika.

Anne Iburg
Schwedisch kochen
176 S., Hardcover
ISBN 978-3-89533-453-5
€ 16,90
In Schwedens Küche spiegelt sich die landestypische Gemütlichkeit. Bodenständiger Schmaus wie Lachsauflauf, Apfelkuchen oder Pilzsuppe, aber auch Elchbraten oder Rentierburger laden zum Verweilen ein.

Stauffer / Fontana
Südafrikanisch kochen
168 S., Hardcover
ISBN 978-3-89533-369-9
€ 16,90
Eine kulinarische Melange aus afrikanischer, europäischer und asiatischer Küche. »Lassen Sie sich von einem einzigartigen kulinarischen Streifzug durch Geschichte und Kultur der südafrikanischen Küche anregen!« (reiselust, im ZDF)

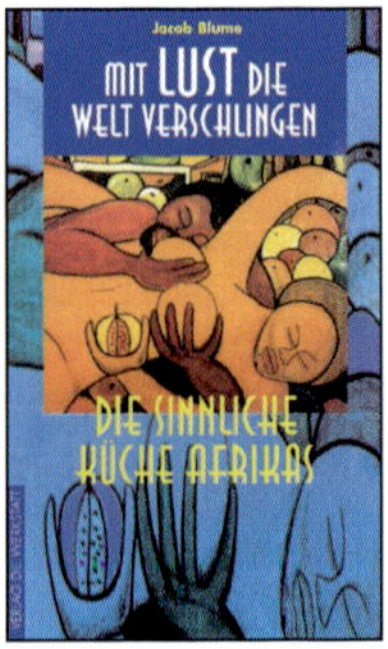

Jacob Blume
Mit Lust die Welt verschlingen
Die sinnliche Küche Afrikas
208 S., Hardcover
ISBN 978-3-89533-310-1
€ 16,90
Authentisch afrikanisch kochen und mit allen Sinnen genießen…
»Lassen Sie sich ent- und verführen.«
(Salzburger Landeszeitung)

VERLAG DIE WERKSTATT ◆ www.werkstatt-verlag.de

Rebhuhn mit Maronen und Wirsingkohl

Partridge with Chestnuts and Savoy Cabbage

Wildgeflügel ist in England sehr beliebt, allen voran Moorhuhn (grouse), Rebhuhn (partridge), Schnepfe (woodcock) und Fasan (pheasant). Die Jagdsaison beginnt, je nach Art, im August/September und reicht bis in den Februar, nur für das Moorhuhn endet sie bereits Mitte Dezember. Dann sieht man in ländlichen Gegenden vor den Geschäften gefiederte Körper mit dem Kopf nach unten hängen, denn Wild muss ordentlich abgehangen sein, bevor es in den Topf wandert.

für 4 Personen

2 Rebhühner (ersatzweise 4 Tauben)
250 g kleine Zwiebeln
Butter
150 g Bacon (Frühstücksspeck)
150 ml trockener Weißwein
½ Kopf Wirsing
250 g Maronen

Die Rebhühner ausnehmen, die Zwiebeln schälen.
In einer Pfanne Butter zerlassen und die Rebhühner rundum anbraten. Mit der Brust nach unten in einen Bräter oder eine Auflaufform mit hohem Rand legen und mit Bacon bedecken. Die Zwiebeln ebenfalls in Butter anbraten und zugeben. Den Weißwein in die Pfanne gießen, aufkochen und über Rebhühner und Zwiebeln gießen.
Den Bräter in den Ofen schieben und die Vögel zugedeckt (mit Deckel oder Aluminiumfolie) bei 160° C eine gute Stunde braten – Tauben etwas kürzer. Dabei gelegentlich nachsehen, ob genügend Flüssigkeit vorhanden ist.
Währenddessen den Wirsing in Streifen schneiden und kurz in kochendem Wasser blanchieren. Die Maronen kochen und schälen.
Die Rebhühner herausnehmen, wenn sie gar sind. Die Flüssigkeit in einen Topf geben, Kohl und Maronen nochmals darin erhitzen. Zum Geflügel servieren.

Hasenpfeffer
Jugged Hare (Yorkshire)

Das Jagen war von alters her der Aristokratie vorbehalten. Einzige Ausnahme bildete die Jagd auf Kaninchen und Hasen. Hier eine traditionelle Art, Hasen zuzubereiten, wörtlich übersetzt etwa »Hase im Krug«. In der Urform dieses Rezepts wird die Sauce mit Hasenblut angedickt.

mindestens 4 Stunden vorher beginnen
für 4 Personen

1 Hase (ersatzweise Kaninchen)
fetter Speck
1 TL zerstoßener Piment
Muskatblüte
3 Stangen Sellerie
2 Stangen Porree
3 Möhren
2 Zwiebeln
Butter
1 Zwiebel, mit 3 Gewürznelken gespickt
300 ml Rotwein
2 Knoblauchzehen
2 Lorbeerblätter
½ Bund Petersilie
1½ l Hühnerbrühe
1 Glas Portwein

Den Hasen zerlegen, mit Speck spicken und die einzelnen Stücke mit Salz, Pfeffer, Piment und Muskatblüte einreiben. Das Gemüse und die beiden Zwiebeln putzen und klein schneiden.
Butter zerlassen und die Fleischstücke anbraten. Wenn das Fleisch schön braun ist, herausnehmen, die Zwiebel mit den Nelken sowie das übrige Gemüse in die Pfanne geben und ebenfalls anbraten. Den Wein angießen, Knoblauch, Lorbeerblätter und Petersilie (mit Stängel) zugeben, aufkochen. Die Hasenstücke in den Sud legen und mit Hühnerbrühe bedecken. Zugedeckt zwei bis drei Stunden köcheln.
Wenn die Hasenstücke gar sind, das Fleisch herausnehmen und die Sauce durch ein Sieb gießen, Gewürze und Gemüse entsorgen. Den Portwein in die Sauce geben. Wer sich Hasenblut besorgt hat, kann es zum Andicken hineinmischen, aber nicht mehr kochen, damit es nicht gerinnt. Sonst für eine dickere Sauce in kaltem Wasser angerührte Stärke oder mit Mehl verknetete Butter verwenden.
Kartoffelbrei dazu reichen.

Rehbraten mit Johannisbeersauce

Venison Joint with Shrewsbury Sauce (Shropshire)

Nach einem Rezept von Delia Smith, heute Direktorin des Norwich City Football Clubs, nachdem sie nach 30 Jahren als englische Küchenkönigin abgedankt hat

für 4 - 6 Personen

1 kg Rehkeule oder -schulter, ohne Knochen, zusammengebunden
2 kleine Pastinaken
2 kleine Möhren
2 Zwiebeln
Öl
Butter
3 Thymianzweige
1 Lorbeerblatt
400 ml Rotwein

für die Sauce:
4 EL rotes Johannisbeergelee
1 EL Worcestershire-Sauce
1 EL Butter
1 EL Mehl
1 TL Senfpulver
1 EL Zitronensaft

Den Rehbraten salzen und pfeffern. Pastinaken, Möhren und Zwiebeln putzen.
In einem großen Topf Öl und Butter erhitzen, den Braten und das Gemüse von allen Seiten anbraten. Die Kräuter zugeben und den Wein angießen, zum Kochen bringen. Die Hitze reduzieren und den Rehbraten zugedeckt eine Stunde schmoren, dabei nach 30 Minuten einmal wenden. Dann das Fleisch aus dem Topf nehmen und in Aluminiumfolie hüllen, um es warm zu halten.
Die Sauce aus dem Topf durch ein Sieb gießen. Das Gemüse herausnehmen und warm stellen. Die Sauce zurück in den Topf geben und etwas einkochen. Johannisbeergelee und Worcestershire-Sauce unterrühren. Die Butter mit Mehl und Senfpulver verkneten, in kleinen Stücken nach und nach in die Sauce rühren, sodass sie leicht andickt. Mit Zitronensaft, Salz und Pfeffer abschmecken, kurz köcheln. Das Fleisch schneiden und mit Sauce und Gemüse servieren.

Variante
Diese Sauce wird traditionell auch zu Lamm oder Hammel gereicht.

Kaninchen in Senfsauce
Rabbit with Mustard Sauce (Midlands)

für 4 Personen

1 Kaninchen, zerlegt
Mehl
500 g Schweinebauch
1 Zwiebel
1 Möhre
Schmalz
Butter
300 ml Cidre oder naturtrüber Apfelsaft
1 Bouquet garni (Seite 83)
3 Thymianzweige
Wild- oder Rinderbrühe
150 ml Crème fraîche
1 EL Senf

Die Kaninchenstücke salzen, pfeffern und in Mehl wenden. Den Schweinebauch in Würfelgröße schneiden. Die Zwiebel würfeln, die Möhre vierteln.
In einer Pfanne Schmalz und Butter erhitzen, das Fleisch anbraten. Zwiebel und Möhre ebenfalls anbraten. Kaninchen, Schweinebauch und Gemüse in einen schweren Topf geben.
Überflüssiges Fett aus der Pfanne abgießen, Cidre hineingießen, aufkochen und den Bratensatz aus der Pfanne lösen. Alles über das Fleisch im Topf geben, die Kräuter hinzufügen. Das Fleisch mit Brühe bedecken und etwa eine Stunde köcheln.
Das Fleisch aus dem Topf nehmen, die Brühe durch ein Sieb gießen, zurück in den Topf geben und etwas einkochen. Abschmecken und zuletzt Crème fraîche und Senf unterrühren.

Saucen
Sauces

Minzsauce
Mint Sauce (Nordengland)

Eine klassische Sauce, am besten geeignet zu Lamm.

1 Bund Minze
3 TL Zucker
4 EL Weißweinessig

Die Minze klein hacken und mit 3 El möglichst kochendem Wasser übergießen. Ruhen lassen, damit sich der Geschmack der Minze voll entfalten kann. Wenn das Wasser abgekühlt ist, erst den Zucker unterrühren, bis er sich auflöst, dann den Essig. Abschmecken.

Orangensauce
Orange Sauce

Schmeckt hervorragend zu Ente und Wild.

3 EL Butter
1 EL Mehl
500 ml Wild- oder Entenbrühe
2 Pomeranzen
4 El Portwein
eventuell Zucker und Zitrone

Die Butter zerlassen, das Mehl einrühren und langsam die Brühe zugießen. Bei schwacher Hitze etwa 15 Minuten köcheln. Währenddessen die Pomeranzen vorsichtig schälen, ohne das Weiße zu verletzen, die Schale in sehr feine Streifen schneiden und zugeben. Die Pomeranzen auspressen, den Saft in die Sauce geben, 5 Minuten köcheln. Den Portwein angießen, mit Salz und Pfeffer abschmecken. Wenn die Sauce zu süß ist, etwas Zitrone, anderenfalls etwas Zucker hinzufügen.

Zwiebelsauce
Onion Sauce

Die Zwiebeln grob würfeln. In einem Topf mit Wasser bedecken und weich kochen. Dann abgießen, die Zwiebelbrühe aufbewahren.
Die Stärke mit etwas Milch verrühren. Die restliche Milch zu den Zwiebeln in den Topf geben, langsam erhitzen, 300 ml Zwiebelbrühe und die Butter hinzufügen. Aufkochen, die Milch-Stärke-Mischung einrühren und weiterrühren, bis die Sauce dick wird. Zitronenschale hinzufügen, mit Salz und Pfeffer abschmecken.

4 Zwiebeln
2 EL Stärke
300 ml Milch
1 EL Butter
1 ungespritzte Zitrone (abgeriebene Schale)

Kapernsauce
Caper Sauce

Kapernsauce, in England seit dem 15. Jahrhundert bekannt, wird zu gekochtem Lamm und zu Fisch gegessen, beispielsweise Lachs.

Die Butter zerlassen, das Mehl einrühren und langsam die Brühe zugießen. Dabei ständig mit dem Schneebesen rühren, bis eine sämige Sauce entsteht. Das Eigelb mit der Sahne verrühren und langsam in die Sauce rühren. Wenn diese eindickt, vom Herd nehmen, mit Salz und Pfeffer abschmecken, Petersilie und Kapern hinzufügen.

3 EL Butter
2 EL Mehl
500 ml Brühe (Lamm oder Fisch)
1 Eigelb
etwas Sahne
gehackte Petersilie
2 EL Kapern

Meerrettichsauce
Horseradish Sauce

Der englische Begriff »Horseradish« für Meerrettich ist auf einen Übersetzungsfehler zurückzuführen: In Deutschland wurde der Rettich aus Übersee schon länger geschätzt; aber statt das Wort »Meer« zu übersetzen, übersetzte man »Mähre« – horse.

250 ml Sahne
1 TL Weißwein- oder Estragonessig
2 EL geriebener Meerrettich
½ TL Senf
½ TL Zucker
1 Spritzer Zitronensaft
Salz und Pfeffer

Die Sahne schlagen und die restlichen Zutaten untermischen.

Cambridge-Sauce
Cambridge Sauce

Eine Variante der französischen Sauce Tartare

6 hart gekochte Eigelb
300 ml Olivenöl
1 EL Essig
1 EL Senf
4 Sardellenfilets
2 TL gehackter Kerbel
2 TL gehackter Schnittlauch
2 TL gehackter Estragon
2 EL gehackte Petersilie
1 TL Kapern
Cayennepfeffer

Die Eigelbe zerdrücken und mit dem Öl verrühren, Essig und Senf hinzufügen. Die übrigen Zutaten sehr fein hacken und in die Mayonnaise geben. Nach Geschmack salzen und pfeffern.

Johannisbeer-Portwein-Sauce
Cumberland Sauce

Diese köstliche Sauce kommt angeblich nicht aus Cumberland, sondern ist nach einem entfernten Verwandten von Queen Victoria benannt, dem Duke of Cumberland, was aber in kulinarischen Kreisen umstritten ist.

¼ Zitrone (Schale ohne das Weiße, in sehr feine Streifen geschnitten)
¼ Orange (Schale ohne das Weiße, in sehr feine Streifen geschnitten)
1 Schalotte
1 TL Senfpulver
¼ TL geriebener Ingwer
150 ml Portwein
½ Zitrone (Saft)
½ Orange (Saft)
6 EL rotes Johannisbeergelee

Die Schalen in wenig Wasser zum Kochen bringen, 3 Minuten köcheln, dann abgießen. Die Schalotte fein hacken und 2 Minuten in das kochende Wasser geben, dann abgießen. Senf und Ingwer mit 1 EL Portwein verrühren.
Den restlichen Portwein erhitzen, Säfte, Schalotte und Johannisbeergelee hinzufügen und verrühren, bis sich das Gelee aufgelöst hat. Die blanchierten Schalen und die Senf-Ingwer-Paste hinzufügen.
Passt gut zu Wildgerichten, kaltem Fleisch und Pies.

Apfelmus
Apple Sauce

Englische Apple Sauce unterscheidet sich vom deutschen Apfelmus darin, dass sie nicht ganz so fein ist; sie schmeckt dadurch frischer. Wird zu Schweinebraten gereicht.

Äpfel

Äpfel schälen, entkernen und klein schneiden. In einem Topf mit wenig Wasser (den Boden bedeckend) aufkochen und köcheln, bis die Apfelstücke anfangen zu zerfallen – nicht länger. Abkühlen lassen. Dann mit einem Kartoffelstampfer ein wenig zerdrücken.

Balti-Paste
Balti Paste

zum Rösten:
5 EL Koriandersamen
3 EL Kreuzkümmelsamen
1 Zimtstange (7 cm)
3 TL Kardamomkapseln
2 TL Fenchelsamen
2 TL Senfkörner
1 TL Bockshornkleesamen
1 TL Liebstöcklsamen
1 TL Zwiebelsamen

3 getrocknete Chilischoten
1 EL Bockshornkleeblätter
6 Lorbeerblätter
5 getrocknete Curryblätter (Asiashop)
1 EL geriebener Ingwer
2 EL gemahlener Kurkuma
1 Prise Asafoetida
175 ml Essig
250 ml Öl

Alle Zutaten zum Rösten in einer Pfanne ohne Öl bei schwacher Hitze anrösten, bis sich ein würziger Duft entwickelt. Abkühlen lassen.
Die Chilischoten und alle Blätter zugeben, anschließend im Mörser zu Pulver zermahlen. Ingwer, Kurkuma und Asafoetida untermischen. Den Essig in eine Schüssel geben und die Gewürzmischung hineinrühren. Wasser zugießen, bis ein Brei entsteht, etwas ziehen lassen.
In einem hohen Topf Öl erhitzen – das ist sicherer, denn es wird spritzen. Die Paste vorsichtig ins Öl geben und bei schwacher Hitze unter ständigem Rühren 5 Minuten garen – Achtung, es setzt leicht an! Vom Herd nehmen und 10 Minuten abkühlen lassen. Wenn sich eine Ölschicht auf den Gewürzen bildet, sind sie gar. Wenn nicht, nochmals erhitzen und rühren.
Die fertige Paste in sterile Gläser füllen und mit einer Schicht Öl bedecken.

Balti-Sauce
Balti Sauce

3 Chilischoten
2 große Zwiebeln
1 Ingwerwurzel (3 cm)
Öl
3 Knoblauchzehen
1 Dose Tomaten (400 ml)
1 TL Garam Masala

Die Chilis klein hacken, die Zwiebeln würfeln, den Ingwer reiben.
In einer Pfanne Öl erhitzen, Chilis, Zwiebeln, Ingwer und zerdrückten Knoblauch bei kleiner Hitze anbraten, bis die Zwiebeln glasig sind. Die Tomaten hinzufügen, aufkochen, die Hitze reduzieren und 15 Minuten köcheln. Zuletzt das Garam Masala unterrühren.
Die Sauce hält sich im Kühlschrank ein paar Tage.

Walisische Algensauce
Welsh Laver Sauce

25 g Butter
225 g Algen
1 Pomeranze (Saft)
etwas Brühe

Die Butter zerlassen und die Algen erhitzen. Den Pomeranzensaft zugießen und eventuell etwas Brühe, um die gewünschte Konsistenz zu erreichen. Mit Pfeffer abschmecken.
Zu Lamm- oder Hammelfleisch.

Brotsauce
Bread Sauce

Saucen wurden im Mittelalter oft mit Brot angedickt. Das hatte den Vorteil, dass sie weder zähflüssig wurden, wie es beim Andicken mit Mehl passieren kann, noch stockten wie bei der Zubereitung mit Eiern.

700 ml Vollmilch
1 kleine Zwiebel, mit 3 Gewürznelken gespickt
einige Pfefferkörner
1 Lorbeerblatt
etwa 150 g altbackene Weißbrotwürfel ohne Kruste
50 g Butter
Muskatnuss

In einem Wasserbad über leicht köchelndem Wasser die Milch mit Zwiebel, Pfefferkörnern und Lorbeerblatt köcheln, bis sie deren Geschmack angenommen hat.
Zwiebel und Gewürze entfernen und die Brotwürfel – keine fein gemahlenen Brösel – einrühren, bis die Sauce dicker wird. Je nachdem, ob die Sauce zu dick oder zu dünn wirkt, mehr Milch oder Brotwürfel zugeben. Butter einrühren, mit Salz und geriebenem Muskat abschmecken.
Zu gebratenem Geflügel und Wild.

Preiselbeersauce
Cranberry Sauce

Preiselbeersauce, zu Wild und zum Christmas Turkey, kann man auch kaufen, sie ist aber leicht selber herzustellen.

500 g Preiselbeeren
1 EL Zitronensaft
300 g Zucker

In einem Topf Beeren, Zitronensaft und Zucker mit einem Schuss Wasser erhitzen. Rühren, bis sich der Zucker aufgelöst hat. Nach gut 10 Minuten werden die Preiselbeeren platzen. Den Topf vom Herd nehmen – beim Abkühlen wird die Sauce fest.

Gemüse und Beilagen
Vegetables and Side Dishes

Sieben Prozent der britischen Bevölkerung geben an, Vegetarier zu sein. Und unter allen Ländern der EU ist es in Großbritannien für Vegetarier sicherlich am einfachsten, sich richtig zu ernähren. Nicht nur bieten die asiatischen Imbisse und Restaurants unzählige Möglichkeiten, unterwegs einen Bissen zu sich zu nehmen, auch die Waren in Supermärkten sind entsprechend gekennzeichnet: »Suitable for vegetarians« steht sogar auf Käse, wenn er mit künstlich erzeugtem Lab hergestellt wurde. Aber Vorsicht, wenn Sie bei British Airways eine vegetarische Mahlzeit bestellen. Dort wird unterschieden nach Ovo-Lacto-Vegetariern (die Milch und Eier essen), asiatischen Vegetariern (die Molkereiprodukte meiden) und Veganern (die überhaupt keine tierischen Produkte zu sich nehmen; radikale Veganer tragen gar Schuhe aus Plastik). Bei »ovo-lacto« gibt es leckeren Käse, »asiatisch« schmeckt auch gut (im Flieger ist alles relativ), aber die vegane Mahlzeit (im BA-Kürzel »veg.«) ist mehr als gewöhnungsbedürftig, wie ich auf zwei Transatlantikflügen erfahren durfte.

Nussbraten
Christmas Nut Roast

Fast jeder Engländer, den ich kenne, war zu irgendeinem Zeitpunkt seines Lebens Vegetarier – über mehrere Jahre und konsequent. So ist es nicht schwer, sich auf Reisen im Land wunderbar ohne Fleisch zu ernähren. Hier die Weihnachtsalternative zur Pute.

für 4 Personen

2 Zwiebeln
400 g Nüsse (Walnüsse, Haselnüsse, Pinienkerne, Cashewnüsse, Mandeln)
250 g Linsen
1 Lorbeerblatt
2 EL Worcestershire-Sauce
Olivenöl
150 g Brotkrümel
125 ml Rotwein
2 TL Kräuter der Provence
2 Knoblauchzehen
2 Eier

Die Zwiebeln würfeln, die Nüsse grob hacken. In einem Topf die Hälfte der Zwiebeln mit Linsen und Lorbeerblatt weich kochen. Den Topf vom Herd nehmen, das Lorbeerblatt entfernen, eventuell verbliebenes Wasser abgießen. Die Linsen zerstampfen, die Nüsse zugeben, alles mit Salz, Pfeffer und Worcestershire-Sauce abschmecken.
Öl erhitzen und die restlichen Zwiebeln glasig anbraten. Brotkrümel unterrühren, Rotwein zugießen, mit Kräutern und zerdrücktem Knoblauch würzen. Die Linsen untermischen, die Eier verschlagen und einarbeiten. In eine Kastenform füllen und im Ofen bei 170° C etwa 45 Minuten backen.
Mit Preiselbeersauce servieren.

Spinatquiche mit Blauschimmelkäse
Shropshire Blue and Spinach Flan (Shropshire)

für 4 Personen

Butter
120 g Mehl
60 g kalte Butter
100 g Spinat
1 kleine Zwiebel
150 g Shropshire Blue (ersatzweise Stilton-Käse)
2 Eier
150 ml Sahne oder Schmand

Den Ofen auf 190° C vorheizen. Eine Tarteform (20 cm Durchmesser) einfetten.
In einer Schüssel Mehl und ½ TL Salz vermischen. Die kalte Butter in kleine Stücke schneiden und mit den Fingerspitzen einarbeiten. Mit 2–3 EL kaltem Wasser zu einem Teig verarbeiten. Den Teig ausrollen und in die Tarteform geben. 10 Minuten »blind« backen: Dazu Backpapier oder Aluminiumfolie über den Teig legen, ihn mit trockenen Hülsenfrüchten beschweren und die Form so in den Ofen schieben.
Den Spinat waschen, die Zwiebel fein würfeln. In einer Pfanne etwas Butter zerlassen und die Zwiebel anbraten. Den Spinat hinzufügen und dünsten, bis er zusammenfällt.
Den Käse entrinden, zerkrümeln und über den vorgebackenen Teig streuen. Der Spinat darauf verteilen. Die Eier mit der Sahne verschlagen und über den Spinat gießen. Etwa 35 Minuten backen, bis der Guss fest ist.

Kartoffel-Eier-Auflauf
Wyau Mon / Anglesey Eggs (Wales)

Auf Anglesey, einer großen Insel vor der Nordküste von Wales, sollen der Sage nach Druiden gewirkt haben, bis die Römer die Insel im Jahr 61 einnahmen und alle Heiligtümer zerstörten. Auf Anglesey befindet sich übrigens auch der Ort mit dem längsten Namen der Welt: Llanfairpwllgwyngyllgogerychwyrndrobwllllantysiliogogogoch.

Die Kartoffeln schälen und kochen. Mit dem Kartoffelstampfer pürieren oder durch eine Kartoffelpresse drücken – nicht in der Küchenmaschine pürieren, weil dort der Brei eine zähe Konsistenz annimmt. Milch zugießen und einrühren, bis die Konsistenz stimmt. Butter nach Geschmack dazugeben, mit Salz, Pfeffer und geriebenem Muskat abschmecken.
Den Porree klein schneiden und in etwas Wasser weich kochen. Abgießen, das Wasser auffangen, und den Porree unter den Kartoffelbrei mischen.
Für die Käsesauce in einem kleinen Topf die Butter zerlassen und das Mehl einrühren, bis eine Paste entsteht. Langsam unter ständigem Rühren die Flüssigkeit zugießen, bis die Sauce die gewünschte Konsistenz hat. Ein paar Minuten köcheln, immer wieder umrühren, damit die Sauce nicht ansetzt. Den Käse einrühren, mit Salz, Pfeffer und geriebenem Muskat abschmecken.
Eine Auflaufform ausbuttern, eine Lage Kartoffel-Porree-Püree hineingeben. Die halbierten Eier hineinbetten, mit etwas Brei bedecken und mit der Käsesauce übergießen. Im Ofen bei 180° C 20 Minuten überbacken. In den letzten paar Minuten den Grill einschalten, dann wird der Auflauf appetitlich braun.

für 4 Personen

750 g Kartoffeln
Milch
Butter
Muskatnuss
2 Stangen Porree

für die Käsesauce:
2 EL Butter
3 EL Mehl
300 ml Flüssigkeit (Porreewasser, mit Milch ergänzt)
80 g geriebener Caerphilly oder Cheddar
Muskatnuss
4 - 6 hart gekochte Eier

Vegetarische Kroketten
Selsig Morgannwg / Glamorgan Sausages (Wales)

In Wales findet man eine Reihe von Gerichten, bei denen Semmelbrösel keine unwichtige Rolle spielen. So auch bei diesen vegetarischen »Würsten«, deren Hauptzutaten Brösel und Käse sind.

für 4 - 6 Personen als Vorspeise

120 g Cheddar
1 Stange Porree
½ Bund Petersilie
150 g Semmelbrösel (hartes Baguette oder Semmeln)
½ TL englisches Senfpulver (ersatzweise 1 TL Senf)
Knoblauch
2 Eier
eventuell Milch
Mehl
Öl

Den Käse reiben, den Porree fein schneiden, die Petersilie hacken und mit Bröseln, Senfpulver, zerdrücktem Knoblauch und Eiern mischen, salzen und pfeffern. Aus der Mischung kleine, wurstähnliche Gebilde formen. Halten diese nicht gut zusammen, esslöffelweise Milch hinzugeben. Die Würste in etwas Mehl rollen.
Reichlich Öl erhitzen und die Würste etwa 4 Minuten von allen Seiten braten, bis sie schön braun sind.
Mit Senf servieren.

Kartoffel-Käse-Auflauf

Leicester Potato Bake (Leicester)

750 g Kartoffeln
1 TL Kümmel
1 rote Paprikaschote
4 Tomaten
2 Zwiebeln
150 ml Sahne
2 Eier
Muskatnuss
250 g Red Leicester (ersatzweise Cheddar)
Öl
Butter

Die Kartoffeln mit dem Kümmel fast weich kochen.
Währenddessen die Paprika halbieren, entkernen, waschen und würfeln. Tomaten und Zwiebeln ebenfalls würfeln. Die Sahne mit den Eiern und geriebenem Muskat verrühren. Den Käse reiben.
In einer Pfanne Öl erhitzen und die Zwiebeln glasig dünsten. Paprika und Tomaten zugeben und etwa 5 Minuten schmoren. Mit Salz und Pfeffer abschmecken.
Den Ofen auf 200° C vorheizen. Die garen Kartoffeln schälen und in Scheiben schneiden. Eine mit Butter eingefettete Auflaufform mit der Hälfte der Kartoffeln auslegen, mit der Hälfte des Käses bedecken, das geschmorte Gemüse darauf verteilen. Eine zweite Schicht Kartoffeln darübergeben, mit der Sahne-Eier-Mischung begießen und mit dem restlichen Käse bestreuen. Im heißen Ofen 20 Minuten überbacken, bis der Sahne-Eier-Guss fest ist.
Mit grünem Salat servieren.

Gemüse-Balti
Vegetable Balti

für 4 - 6 Personen

250 g Kartoffeln
500 g Kürbis
2 Paprikaschoten
250 g Zucchini
½ Blumenkohl
2 Zwiebeln
Öl
4 EL Balti-Paste (Seite 138)
150 g grüne Bohnen
2 EL Balti-Sauce (Seite 139)
frische Minze

Die Kartoffeln schälen und in dicke Scheiben schneiden. Den Kürbis schälen und grob würfeln. Beides getrennt mit etwas Wasser halb gar kochen. Währenddessen die Paprika halbieren und entkernen, das weiße Fruchtfleisch entfernen, die Schoten fein hacken. Die Zucchini in Scheiben schneiden, den Blumenkohl in Röschen zerteilen, die Zwiebeln würfeln.
Im Wok oder einer großen Pfanne Öl erhitzen und die Zwiebeln glasig braten. Herausnehmen und auf einem Teller zur Seite stellen, etwas mehr Öl erhitzen und die Balti-Paste zugeben. Nacheinander Paprika, Zucchini und Blumenkohl in die Pfanne geben, jeweils eine Minute unter Rühren anbraten. Die Bohnen beifügen und weitere 2 Minuten braten. Die Balti-Sauce und die Zwiebeln unterrühren. Kartoffeln und Kürbis dazugeben und alles etwa 10 Minuten köcheln. Kartoffeln und Kürbis anpieksen, sie sollten gar sein.
Mit gehackter Minze bestreuen und mit Basmati-Reis servieren.

»Blubbern und Quieken«
»Bubble and Squeak«

Der Name beschreibt, was passiert, wenn man Kartoffelbrei in der Pfanne wieder aufwärmt: Er wirft Blasen, blubbert also. Wenn diese Blasen zerplatzen, geben sie seltsame Geräusche von sich. Ob das nun quiekt, möge jeder für sich beurteilen.

für 4 Personen

500 g Kartoffeln
500 g Rosenkohl
1 Zwiebel
Butter

Die Kartoffeln schälen, den Rosenkohl putzen und beides getrennt kochen. Die Kartoffeln zerstampfen, den Rosenkohl halbieren. Die Zwiebel hacken.
Butter zerlassen und die Zwiebel anbraten. Kartoffeln und Kohl mitbraten.

Variante
Nigella Lawson schlägt ein Spiegelei obendrauf und krümelt gebratenen Speck darüber. Man kann auch etwas geriebenen Cheddar darüberstreuen und kurz überbacken.

Blumenkohl in Käsesauce
Cauliflower Cheese

1 Lorbeerblatt
1 Blumenkohl

für die Sauce:
1 Zwiebel
3 EL Butter
5 EL Mehl
500 ml Milch
Muskatnuss
1 gehäufter TL englisches Senfpulver
100 g kräftiger Cheddar

Wasser mit Salz und einem Lorbeerblatt zum Kochen bringen. Den unzerkleinerten Blumenkohl im Dämpfeinsatz in den Topf geben und dämpfen, bis er gar ist, aber noch Biss hat.
Für die Sauce die Zwiebel fein hacken. Butter zerlassen und die Zwiebel glasig dünsten. Das Mehl einrühren, bis eine Paste entsteht. Langsam unter ständigem Rühren die Milch zugießen, bis die Sauce die gewünschte Konsistenz hat. Einige Minuten köcheln, dabei immer wieder umrühren, damit die Sauce nicht ansetzt. Mit geriebenem Muskat und Senfpulver abschmecken. Zuletzt den geriebenen Cheddar unterrühren.
Die Sauce getrennt zum Blumenkohl servieren.

Steckrüben-Apfel-Auflauf

Swede and Apple Bake (Yorkshire)

für 4 Personen als Beilage

1 Steckrübe (500 g)
2 saure Äpfel
1 Zwiebel
100 g Butter
50 g Cheddar
50 g frische Weißbrotkrümel

Die Steckrübe schälen, halbieren und in 5 mm dicke Scheiben schneiden. Die Äpfel schälen, entkernen und in Scheiben schneiden. Die Zwiebel würfeln. Den Ofen auf 175° C vorheizen.
Die Hälfte der Butter zerlassen und die Zwiebel glasig dünsten. Eine Auflaufform einbuttern, nacheinander Steckrübe, Zwiebel und Äpfel hineinschichten. Jede Schicht mit Salz und Pfeffer würzen und Butterflöckchen daraufsetzen. Den Käse reiben, mit den Brotkrümeln vermischen und als letzte Schicht über die Äpfel geben. Im Ofen zugedeckt (mit Deckel oder Aluminiumfolie) eine Stunde backen. Dann Deckel oder Folie entfernen und die Form noch einmal in den Ofen schieben, bis die Kruste schön braun ist.

Traditioneller britischer Weihnachts-Rosenkohl

Brussels Sprouts with Chestnuts

1 kg Rosenkohl
150 g gegarte, geschälte Maronen
Butter
Muskatnuss

Den Rosenkohl etwa 5 Minuten al dente kochen, dann abgießen. Wenn man ihn nicht gleich weiterverwendet, kalt abschrecken, damit er seine Farbe behält. Die Maronen grob hacken.
In einem großen Topf reichlich Butter zerlassen und die Maronen darin schwenken. Den Rosenkohl untermischen und erhitzen. Mit geriebenem Muskat abschmecken und sofort servieren.

Variante

Die Maronen durch Walnüsse ersetzen: Diese in Butter und wenig Hühnerbrühe etwa 3 Minuten köcheln, bevor man den Kohl hinzufügt.

Pastinaken mit Salbeikäse
Derby Sage Parsnip (Peak District)

Falls kein Derby-Sage-Käse zur Hand ist, tut es auch ein anderer Kräuterkäse mit guten Schmelzeigenschaften oder ein Cheddar mit ein paar fein gehackten Salbeiblättern. Nach dem Büchlein »Favourite Peak District Recipes« aus einer Reihe von Rezeptbüchern, die es zu vielen englischen Regionen gibt.

für 4 Personen als Beilage

500 g Pastinaken
100 g Mehl
75 g Derby-Sage-Käse
2 EL Fett (etwa ausgelassener Speck)

Den Ofen auf 200° C vorheizen. Die Pastinaken schälen und würfeln.
Einen Topf mit Wasser zum Kochen bringen, salzen und die Pastinaken hineingeben. Erneut aufkochen, 3 Minuten kochen, dann abgießen.
Das Mehl mit dem fein geriebenen Käse, etwas Salz und Pfeffer vermischen.
Ein Backblech einfetten und zum Vorheizen in den Ofen schieben. Die Pastinakenwürfel nacheinander in der Mehlmischung wälzen, sodass sie von allen Seiten bedeckt sind, und auf dem Blech verteilen. Im Ofen etwa 40 Minuten backen, nach 20 Minuten einmal umdrehen.

Erbsenpüree I
Mushy Peas (Lancashire)

Eine im Nordwesten Englands typische Beilage zu Fish 'n' Chips

am Vortag beginnen
für 4 Personen

250 g getrocknete grüne Erbsen
½ TL Natron

Die Erbsen mit Natron in reichlich Wasser über Nacht einweichen.
Am nächsten Tag die Erbsen mit frischem Wasser bedeckt 20 bis 30 Minuten kochen, bis sie zerfallen. Dabei gelegentlich nachsehen, ob noch genug Wasser vorhanden ist, und umrühren. Mit Salz und Pfeffer abschmecken.

Erbsenpüree II
Pease Pudding (Yorkshire)

Pease Pudding wird traditionell mit gepökeltem Schweinefleisch gegessen.

für 6 Personen

500 g geschälte gelbe Erbsen
75 g Butter
1 Ei

Die Erbsen in Wasser gar kochen, dann abgießen. Wenn sie noch nicht zu Brei geworden sind, pürieren. Die Butter untermischen, mit Salz und Pfeffer abschmecken, das Ei hineinrühren.

Kartoffel-Rüben-Püree
Punchnep (Wales)

500 g Kartoffeln
3 kleine Rübchen
Butter
Sahne
Muskatnuss

Die Kartoffeln schälen und kochen. Mit dem Kartoffelstampfer pürieren. Die Rübchen schälen, zerstampfen und hinzufügen. Salzen und mit Butter, Sahne und geriebenem Muskat verfeinern.

Walisischer Zwiebelkuchen
Teisen Nionod / Welsh Onion Cake

für 4 - 6 Personen

1 kg Kartoffeln
500 g Zwiebeln
100 g Butter

Die Kartoffeln schälen, mit einem Gurkenhobel in hauchdünne Scheiben schneiden, abwaschen und trockentupfen. Die Zwiebeln in dünne Ringe schneiden.
Eine Auflaufform einbuttern und abwechselnd Kartoffeln und Zwiebeln hineinschichten, jede Lage salzen und pfeffern, mit einer Lage Kartoffeln abschließen. Reichlich Butterflöckchen daraufsetzen und im Ofen bei 200° C etwa eine Stunde backen, bis Kartoffeln und Zwiebeln weich sind.

Variante
Wer es saftiger mag, kann auch etwas Fleischbrühe oder Sahne über den Kuchen gießen.

Wurzelpüree
Stump (Yorkshire)

Der Name wäre mit »Sta(m)pf« zu übersetzen. Vor meinem geistigen Auge tauchen Bottiche auf, in denen Füße im Gemüse herumsta(m)pfen …

zu gleichen Teilen Steckrübe, Kartoffeln und Möhren
Butter
Milch
Muskatnuss

Das Gemüse schälen, in Stücke schneiden und in Wasser garen. Mit dem Kartoffelstampfer pürieren, Milch und Butter zugeben. Mit Salz, Pfeffer und geriebenem Muskat abschmecken.

Variante
Der »Mash of Nine Sorts« (Brei aus Neunerlei) bestand aus Möhren, Pastinaken, Kartoffeln, Porree, Erbsen, Sahne, Salz und Pfeffer. Die neunte Zutat war ein Ehering, der darin versteckt wurde. Und ihn zu finden bedeutete natürlich, als Nächste/r unter die Haube zu kommen.

Yorkshire-Pudding
Yorkshire Pudding

Pudding ist vielleicht das schwierigste Wort in der englischen Küchensprache – jedenfalls wenn es darum geht, es einem Nicht-Briten zu erklären. »What's for pud?« dürfte eine Standardfrage vieler Schüler nach dem Nachtisch sein. Die Antwort darauf könnte »Fruit« oder »Yoghurt« lauten. Aber der Ursprung des Wortes liegt wahrscheinlich im lateinischen »botellus«, wie die Römer die Wurst nannten. Das findet sich wieder im französischen »boudin«, einer Blutwurst, die es im Britannien des Mittelalters als »Black Pudding« zu essen gab. Und so war der schwarze Pudding eine Mischung aus Blut, Fleischstücken und Getreide. Der weiße allerdings bestand aus Talg und Brotkrümeln, also etwas Teigigem, jedenfalls relativ Weichem.
Zunächst war der Pudding also gefüllter Darm. Später garte er zunehmend in Schüsseln in kleinen Nischen, die in den offenen Kamin eingelassen waren, langsam vor sich hin. Zur Puddingnation schlechthin wurde England aber durch die Erfindung des »pudding cloth«. Die einzig mir bekannte vergleichbare Technik der Zubereitung auf dem Kontinent ist die des Serviettenknödels. Dabei wird das Tuch mit allem Möglichen gefüllt und in den Topf gehängt, in dem Fleisch, Gemüse und anderes kochte. Erst im 18. Jahrhundert scheint sich der süße Aspekt durchgesetzt zu haben. Aber noch heute gibt es in England viele herzhafte Pudding-Varianten, etwa den Steak and Kidney Pudding.
Der Yorkshire Pudding hat eine Art Sonderstellung, er gart im Ofen, traditionell unter dem Braten.

Die Eier verschlagen, das Mehl einrühren, etwas salzen. Langsam die Milch zugießen, bis ein Pfannkuchenteig entsteht.
In einer Auflaufform das Fett auslassen, bis es heiß ist und zu rauchen beginnt. Den Teig einfüllen und im Ofen etwa 25 Minuten backen – er sollte aufgehen, außen knusprig und innen noch etwas weich sein.
Wird traditionell zu Rinderbraten (Seite 118) zubereitet.

für 4 Personen

1 - 2 Eier
125 g Mehl
300 ml Milch oder ein Gemisch aus Milch und Wasser
flüssiges Fett (am besten vom Rind)

Haferklößchen
Oatmeal Dumplings (Wales)

Hafer war das Getreide in Wales. Haferklößchen passen gut zu Cawl (Seite 111) und anderen Eintöpfen.

Alle Zutaten zu einem festen Teig vermischen. Klößchen von etwa 5 cm Durchmesser formen. In leicht köchelndem Wasser 20 bis 30 Minuten ziehen lassen.

Wird gleichzeitig ein fettiger Eintopf zubereitet, das Fett abschöpfen und für die Klöße verwenden. Die Klöße dann in der Brühe ziehen lassen.

100 g Fett (traditionell Rindertalg)
100 g Mehl
450 g Hafermehl
½ TL Backpulver
½ TL Salz
100 g Korinthen
350 ml Milch

Eingelegtes Senfgemüse
Piccalilli

Ein Rezept aus dem 18. Jahrhundert – vielleicht indischen Ursprungs, vielleicht ist der Name aber auch nur ein Wortspiel mit »pickle« (sauer Eingelegtem).

am Vortag beginnen

1 großer Blumenkohl
250 g Zwiebeln
500 g Schalotten
1 große Salatgurke
1 l Weißwein- und Malzessig
Chilischoten nach Geschmack
100 g Zucker
1 EL Kurkuma
2 EL englisches Senfpulver

Den Blumenkohl in Röschen zerteilen, die Zwiebeln vierteln, die Schalotten nur schälen, sodass sie in ihre zwei Hälften zerfallen. In eine Glas- oder Porzellanschüssel geben, mit reichlich Salz bestreuen und 24 Stunden kühl stellen.
Am nächsten Tag das Salz gründlich abwaschen. Die Gurke schälen, entkernen, in große Würfel schneiden und dazugeben.
Den Essig mit den Chilischoten aufkochen. Den Zucker mit den Gewürzen über die Gemüse streuen und mischen. In den heißen Essig geben, aufkochen und 2 Minuten köcheln. In sterile Gläser abfüllen.

Snacks, Salate, Sandwichs, Pickles
Snacks, Salads, Sandwiches, Pickles

Snacks

Birnen mit Blauschimmelkäse
Stilton Pears

für 4 Personen als Vorspeise

2 feste Birnen
½ - 1 Zitrone (Saft)
75 g Stilton-Käse

Den Grill vorheizen. Die Birnen schälen, längs halbieren und entkernen. Die Rundung gerade abschneiden, sodass die Birnenhälften stehen können. In einen Topf geben, mit Wasser bedecken, den Zitronensaft hinzufügen und aufkochen. Mit einem Schaumlöffel aus dem Wasser heben, in eine Auflaufform setzen und mit Käsescheiben belegen. Kurz unter den Grill schieben, bis der Käse geschmolzen ist.
Mit Butter und Vollkorntoast servieren.

»Engel, Erzengel und Teufel hoch zu Ross«
»Angels, Archangels and Devils on Horseback« (Kent)

für 6 Stück

Butter
2 fingerförmig geschnittene Scheiben Toast
3 halbierte Scheiben Bacon (Frühstücksspeck)

für die »Engel«:
6 Austern
½ Zitrone (Saft)

für die »Erzengel«:
6 Jakobsmuscheln
½ Zitrone (Saft)

für die »Teufel«:
6 entsteinte Backpflaumen

Was diesen drei Rezepten gemeinsam ist, ist der Speck. Er umhüllt Austern, Jakobsmuscheln beziehungsweise Backpflaumen und wird auf »Toastfingern« gereicht. Es gibt auch Variationen mit Hühnchenleber und Datteln…

In einer Pfanne Butter zerlassen und den Toast kurz anrösten, dann aus der Pfanne nehmen.
Die Austern oder Jakobsmuscheln mit etwas Zitronensaft beträufeln, mit dem Bacon umwickeln, eventuell mit einem Zahnstocher fixieren und in der Pfanne anbraten, bis der Speck knusprig wird. Mit den Pflaumen ebenso verfahren, nur dass sie nicht mit Zitrone beträufelt werden.
Die Speckröllchen auf den Toastfingern servieren.

Brotzeit
Ploughman's Lunch

Dieser typische Lunch eines traditionellen Pubs war ursprünglich ein Mittagessen für Bauern beim Pflügen (»to plough«). In England wurde im Winter gepflügt, und so bestand die Brotzeit aus Käse und eingelegtem Gemüse. Der Salat, der heute dazu gereicht wird, war früher in dieser Jahreszeit sicherlich nicht zu haben.

für 1 Person

1 Stück Cheddar
1 Stück Stilton-Käse
eingelegtes Gemüse, zum Beispiel Pickles für die Brotzeit (Seite 172), eingelegte Schalotten (Seite 173) oder Piccallili (Seite 156)
herzhaftes Brot

Alles auf einem Teller anrichten und servieren.

Würstchen im Teig
»Toad in the Hole« (Yorkshire)

»Toad in the Hole« heißt wörtlich »Kröte im Loch« und steht für Würstchen, die in einem speziellen Pfannkuchenteig, dem für Yorkshire-Pudding, gebacken werden. Und da sich das Rezept hervorragend zum Verstecken allerlei nicht mehr ganz so verführerischer Speisereste eignete, kam es zu diesem Namen, der einem nicht gerade das Wasser im Munde zusammenlaufen lässt. Sehr beliebt, auch und besonders bei Kindern.

für 4 Personen

Teig für Yorkshire-Pudding (Seite 154)
Schmalz oder Öl
4 Bratwürste vom Schwein

Den Ofen auf 200° C vorheizen. Eine dünne Schicht Teig in eine Auflaufform gießen, in der alle Würstchen nebeneinander gut Platz haben, und im Ofen etwa 5 Minuten backen, sodass der Teig ein wenig fest wird.
Währenddessen das Schmalz erhitzen und die Würstchen kurz rundum anbraten. Auf die vorgebackene Schicht Teig legen und den Rest des Teiges darübergießen. Im Ofen mindestens 30 Minuten backen, bis der Teig sich bräunt und ein wenig aufbläht.

Käsegebäck
York Fingers (Yorkshire)

120 g Blätterteig
120 g Wensleydale-Käse
1 Eigelb

Den Ofen auf 200° C vorheizen. Den Blätterteig ausrollen, den Käse reiben. 100 g Käse auf der Hälfte des Teigs verteilen, die andere Teighälfte darüberklappen. Mit dem Nudelholz kräftig über den Teig rollen und den Teig fingerförmig schneiden. Mit Eigelb bepinseln, mit dem restlichen Käse bestreuen. Im heißen Ofen knusprig backen.

Käsetoast aus Wales
Welsh Rabbit

Dieses Gericht hat nichts mit Kaninchen zu tun und wohl auch nicht damit, dass es ein seltener Bissen (»rare-bit«) ist. Wahrscheinlich war es ein englischer Spötter, der den Käse-Toast seiner armen Mit-Briten als walisisches Kaninchen bezeichnete.

für 2 Personen

Butter
4 EL Ale (Bier)
2 Handvoll geriebener Cheddar
4 Scheiben Toast

In einem Topf 2 EL Butter zerlassen, das Ale dazugießen, etwas salzen und pfeffern und warten, bis alles anfängt zu köcheln. Dann den geriebenen Käse langsam hineinstreuen – nur so viel, dass eine dicke Käsecreme entsteht. Diese keinesfalls zum Kochen bringen, der Käse soll nur schmelzen.
Die Brotscheiben toasten, buttern und die Creme darübergeben. Eventuell kurz unter den Grill legen.
Ein wenig Senf rundet das Ganze ab.

Salate

Königssalate
Kings' Salads

Schaut man sich englische Kochbücher an, fällt auf, dass Salate kaum vorkommen, ja eine Rubrik »Salate« meist völlig fehlt. Schon bei Mrs. Isabella Beeton (1836–1865), der Henriette Davidis der englischen Küche, findet sich nur ein einziger: ein grüner Salat mit Gurke, Radieschen und Kresse.
Zumindest die Rezepte von Gerichten, die in der Küche des einen oder anderen Königs zubereitet wurden, lassen sich rekonstruieren aus handgeschriebenen Rezeptbüchern, festgehaltenen Menüfolgen und Beschreibungen von »Zungenzeugen«, die bei Hofe eingeladen waren. Einen gewissen Aufschluss geben auch die Haushaltsbücher, in denen über Einkäufe und Bestellungen Buch geführt wurde.
Ein gewisses Misstrauen den Quellen gegenüber ist sicher nicht unangebracht, da zum Beispiel ein Salat erwähnt wird, den Heinrich VI., letzter König aus dem Hause Lancaster und Titelheld dreier Shakespeare-Dramen, 1443 zu sich genommen haben soll und in dem Kartoffeln eine Hauptrolle spielen. Doch ein gewisser Cristoforo Colombo war damals noch nicht einmal geboren worden. Aber vielleicht hat ja doch Madog, der walisische Prinz, im 12. Jahrhundert den amerikanischen Kontinent entdeckt und mit ihm die Kartoffel …

Da historische Rezepte fast nie mit Mengenangaben versehen sind, sind die hier angegebenen Mengen auf den modernen Geschmack ausgerichtet. Wer weiß, wie es damals wirklich schmeckte?

Charles II.

Charles II. (1630–1685) restaurierte nach Cromwells Tod die Monarchie in England.
Er aß seinen Salat mit einem Dressing aus Senf, Öl und Essig, mit oder ohne hart gekochte Eier.

für 4 Personen

1 Römersalat
2 Eier
French Dressing

Den Salat waschen und schleudern, zupfen und in eine Schüssel geben. Die Eier hart kochen, klein hacken, unter das Dressing mischen und das Dressing über den Salat geben.

Vinaigrette
French Dressing

In meiner Kindheit war French Dressing ein Glas mit einer leuchtend orangefarbenen Salatsauce der Firma Kraft, die mit dem richtigen French Dressing – einer Vinaigrette mit Senf – nichts zu tun hatte.

1 zerdrückte Knoblauchzehe
1 TL Dijon-Senf
2 EL Rotweinessig
6 - 8 EL Olivenöl
Salz und Pfeffer

Alle Zutaten in ein Glas mit Schraubverschluss geben, verschließen und kräftig durchschütteln, damit sich die Zutaten verbinden.

Einfacher Salat
Simple Sallett

George III. (1738–1820) war der dritte Hannoveraner auf dem englischen Thron; allerdings der erste, der in England geboren wurde und auch die Sprache beherrschte. Deutschland hat er nie besucht. Er bevorzugte grünen Salat mit kalten gekochten Möhren, Schnittlauch und Radieschen und ein Dressing aus Olivenöl, Essig und Zucker.

für 4 Personen

1 Kopfsalat
2 Möhren
1 Bund Radieschen

für das Dressing:
4 EL Olivenöl
1 - 2 EL Weißweinessig
1 Prise Zucker
½ Bund Schnittlauch, gehackt

Den Salat waschen und schleudern, die Möhren schälen und raspeln, die Radieschen in Scheiben schneiden. Das Dressing zubereiten und mit Salz und Pfeffer abschmecken.

Variante
Ergänzt durch roten Salbei, Minze, Veilchen, Ringelblumen, blanchierte Mandeln, Rosinen, Feigen, Kapern, Oliven, Spinat, Orangen und Zitronen sowie Fisch, Fleisch oder Geflügel wurde der »Simple Sallett« zu einem »Grand Sallett«.

Edward VIII.

Edward VIII. (1894–1972) war der einzige englische Monarch, der je freiwillig abdankte: 1936 aus Liebe zu einer geschiedenen Frau.

für 4 Personen

grüner Salat
1 Handvoll Brunnenkresse
½ Bund Kerbel
4 Sardinen
100 g eingelegte Paprika
1 EL Kapern
French Dressing (Seite 162)

Den Salat waschen und schleudern. Die Kräuter hacken, die Sardinen klein schneiden, die Paprika würfeln. Alle Zutaten vermischen und mit French Dressing beträufeln.

Victoria

für 4 Personen

1 kleine Sellerieknolle
500 g festkochende Kartoffeln
1 Handvoll Spitzen von grünem Spargel
1 Dose Artischockenböden
Trüffel (für den, der es sich leisten möchte)
100 ml Mayonnaise
2 EL Rote-Bete-Saft (Reformhaus oder Bioladen)

Mit 63 »Dienstjahren« hält Victoria (1819–1901) den Rekord für die längste Amtszeit in der englischen Monarchie. Elizabeth II. müsste bis 2017 auf dem Thron ausharren, um sie einzuholen …

Sellerie und Kartoffeln schälen, würfeln und kochen, bis sie gar sind, aber noch Biss haben. Die Spargelspitzen 3 Minuten kochen. Den Sud der Artischockenböden abgießen und diese ebenfalls würfeln.
Die Mayonnaise mit dem Rote-Bete-Saft verrühren und über die abgekühlten Kartoffel- und Selleriewürfel geben. Mit Spargelspitzen und eventuell Trüffelscheiben dekorieren.

Brunnenkresse-Salat
Watercress Salad (East Anglia)

für 4 Personen

1 Fenchelknolle
1 Stange Porree
2 Schalotten
2 Knoblauchzehen
1 EL gehackte Petersilie
1 EL gehackter Borretsch
*1 TL gehackte Weinraute**
½ EL gehackte Minze
½ EL gehackter Salbei
1 Rosmarinzweig
4 EL Olivenöl
2 Bund Brunnenkresse
Malzessig nach Geschmack

Ein Salat aus der Zeit Richards II. (1367–1400), eines Menschen, der sehr auf sein Äußeres bedacht war und das Taschentuch erfunden haben soll – als Alternative zu Ärmel oder Fingern.

Fenchel, Porree und Schalotten in feine Ringe schneiden und in eine Schüssel geben. Den zerdrückten Knoblauch, die gehackten Kräuter und Rosmarinnadeln hinzufügen. Salzen, mit Öl beträufeln, gut durchmischen und eine Stunde ziehen lassen.
Erst vor dem Servieren die Kresse hinzufügen und mit Essig abschmecken.

* *Die Weinraute ist ein bitteres Kraut und nur mit Vorsicht zu genießen, da sie in größeren Mengen giftig ist. Sie wird heute noch bisweilen bei der Herstellung von Kräuterlikör verwendet – und fördert die Verdauung.*

Salmagundi

Ein Salat, dessen Bestandteile einzeln angeboten werden. Nicht einmal das »Oxford English Dictionary«, die ehrwürdige Instanz für alle Fragen der englischen Sprache, hat eine Erklärung für seinen Namen: Er ist jedoch alt, denn das Gericht wird bereits im 17. Jahrhundert erwähnt.

Die Menge richtet sich nach Anzahl und Appetit der Esser, man rechnet 1 Fischfilet und ½ Ei pro Person.

Matjesfilets
Eier
Boskop
Schalotten
Salatgurke
Gewürzgurke
Selleriestange
milchsaurer vergorener Rotkohl
Brunnenkresse
1 Handvoll Kapuzinerkressenblüten
Zitrone
French Dressing (Seite 162)

Die Matjesfilets häckseln, in ein Schüsselchen geben und in die Mitte des Tisches stellen. Tellerchen oder Schüsselchen mit hart gekochten und fein gehackten Eiern, Apfelscheiben, fein gehackten Schalotten, der gewürfelten Salatgurke, der Gewürzgurke, in Ringe geschnittenem Sellerie, Rotkohl, gerupfter Kresse, Kresseblüten und Zitronenschnitzen darum herum gruppieren, ebenso ein Kännchen mit French Dressing.

Varianten
Statt Hering wird heute meist Hühnerbrust in den Mittelpunkt des Salats gestellt, es können aber auch gekochtes Rindfleisch, Bratenreste, Zunge etc. genommen werden.
Die übrigen Zutaten ersetzen oder ergänzen: Möhrenstifte, andere sauer eingelegte Gemüse (Rote Bete, Kraut, Kürbis, Zwiebeln), fein gehobelter Rettich oder Radieschen …
Ich serviere den Salat, indem ich jedem Esser einen Teller mit kleingezupften Salatblättern der Saison vorsetze. Ganze Salatblätter machen vom Volumen mehr her, vor allem als Unterlage, sind aber beim Essen eher hinderlich. Die übrigen Zutaten nimmt sich ein jeder nach Geschmack.

Pochierte Birnen mit Ziegenkäse

Poached Pears with Goat's Cheese (Sussex)

mehrere Stunden vorher beginnen
für 4 Personen

1 Ziegenfrischkäserolle
30 ml Weißweinessig
175 g Zucker
½ ungespritzte Zitrone (abgeriebene Schale)
2 Knoblauchzehen
1 Zimtstange (2 - 3 cm)
½ TL geriebener Ingwer
5 schwarze Pfefferkörner
4 Birnen
Baguette oder Ciabatta
Himbeeressig
Salat, am besten ein Gemisch aus herzhaften Blättern

für die Marinade:
Olivenöl
Petersilie
Thymianzweige
frischer Estragon
zerdrückte Knoblauchzehen

Für die Marinade alle Zutaten miteinander vermischen. Den Käse in Portionen schneiden und einige Stunden darin einlegen.

300 ml Wasser mit Weißweinessig, Zucker, Zitronenschale, Knoblauchzehen, Zimt, Ingwer und Pfefferkörnern zum Kochen bringen. Die geschälten Birnen in die Flüssigkeit stellen und bei schwacher Hitze 20 Minuten weich dünsten.

Das Brot in Scheiben schneiden, auf ein Backblech legen und mit der Marinade bepinseln. Den Käse darauflegen, Kräuter aus der Marinade darübergeben und alles im heißen Ofen oder unter dem Grill kurz überbacken, bis der Käse schmilzt.

Aus Himbeeressig, dem Öl der Marinade, Salz und Pfeffer eine Vinaigrette herstellen und den Salat anmachen. Auf Tellern arrangieren und die Brote in die Mitte legen. Die abgekühlten Gewürzbirnen vierteln, entkernen und darum herum anordnen.

Salat aus geröstetem Gemüse
Roast Vegetable Salad (London)

Nach einem Rezept von Carol Charlton, die in Londons Queen's Park das »Organic Café« betreibt

für 6 Personen

1 kg kleine, festkochende Kartoffeln
1 kg Kürbis
8 kleine Rote Bete
4 rote Zwiebeln
½ Zitrone (Saft)
4 EL Olivenöl
2 EL frisches Oregano
1 TL frischer Thymian
50 g Parmesan

für das Dressing:
4 EL Olivenöl
3 EL Apfelessig
2 EL grobkörniger Senf

Den Ofen auf 200° C vorheizen. Die Kartoffeln waschen und gründlich abbürsten. Den Kürbis schälen und in große Würfel schneiden. Die Rote Bete schälen und halbieren. Die Zwiebeln vierteln. Alles auf einem Backblech verteilen. Zitronensaft, Öl, Kräuter, Salz und frisch gemahlenen Pfeffer darüber verteilen und wenden, damit alles gut bedeckt ist. Im Ofen 45 bis 60 Minuten backen, bis das Gemüse weich ist. Aus dem Ofen nehmen und auf Zimmertemperatur abkühlen lassen. Währenddessen aus Öl, Essig, Senf und Salz ein Dressing zubereiten. Über das abgekühlte Gemüse geben. Vor dem Servieren Parmesan darüberraspeln und schwarzen Pfeffer frisch darübermahlen.

Salat aus dicken Bohnen und Champignons
Broad Bean and Mushroom Salad

Dicke Bohnen sind in England sehr populär. Hier ein Rezept angelehnt an Jane Grigsons »Vegetable Book«. Aus ihrer Feder stammt das wahrscheinlich bestrecherchierte Kochbuch mit traditionellen englischen Rezepten (»English Food«), dem sie ein Zitat von Reverend James Woodforde voranstellt: »28. Februar 1788: Wir servierten unseren Gästen Fisch und Austernsauce, ein schönes Stück gekochtes Rindfleisch, einen Schweinenackenbraten mit Apfelmus, Putenhaschee, Hammelsteaks, Salat usw., eine gebratene Wildente, gebratene Kaninchen, einen Plum Pudding und ein paar Tartelettes. Dessert, Oliven, Nüsse, Mandeln und Rosinen und Äpfel. Alle Gäste waren hocherfreut über ihr Mahl usw. Wenn man bedenkt, dass wir kaum mehr als drei Stunden vorher von ihrem Kommen in Kenntnis gesetzt wurden, haben wir uns in der Kürze der Zeit gut geschlagen. Wir waren ziemlich in Eile.«

250 g dicke Bohnen (aus 1½ kg Schoten)
1 Schalotte
250 g Champignons
5 EL Olivenöl
1 EL Weißweinessig
1 TL Dijon-Senf
½ Bund Petersilie
½ Bund Schnittlauch
4 Scheiben Bacon (Frühstücksspeck)

Die Bohnen schälen. Sind sie recht groß, eventuell das Häutchen entfernen. Probieren Sie einfach eine Bohne, um zu sehen, ob sie sich problemlos essen lässt und angenehm schmeckt. Das Häuten ist zwar ein wenig mühsam, lohnt sich aber. Die Bohnen kochen. Währenddessen die Pilze in dünne Scheiben schneiden und die Schalotten in hauchdünne Ringe. In einer Schüssel aus Öl, Essig, Senf, Salz und Pfeffer eine Vinaigrette zubereiten.
Gekochte Bohnen, Schalotten und Pilze hinzufügen, gut vermischen und kurz kalt stellen. Zum Servieren mit den gehackten Kräutern bestreuen und mit dem Bacon belegen.

Sandwichs

Der Name für dieses belegte Brot geht zurück auf John Montagu, den 4. Earl of Sandwich, der während einer Partie Cribbage Appetit bekam, das Kartenspiel aber weder unterbrechen noch sich die Finger wegen der Spielkarten schmutzig machen wollte. Es ist allerdings unwahrscheinlich, dass er das »Sandwich« erfunden hat, denn die Idee, Brote mit einer Auflage zu versehen, dürfte auch anderen gekommen sein.
Sandwichs werden gern zum Tee gereicht. Am besten geeignet ist das Brot, das im Supermarkt als Sandwichbrot verkauft wird. Es liegt neben dem Toastbrot und sieht auch so aus, ist von der Konsistenz her aber nicht ganz so trocken und daher besser geeignet.

Sandwichs mit Brunnenkresse und Frischkäse
Watercress and Cream Cheese Sandwiches

8 Scheiben Sandwichbrot
100 g Frischkäse
1 EL Sahne
1 Bund Brunnenkresse
½ Zitrone (Saft)

Den Frischkäse mit der Sahne cremig rühren. Die Kresse ohne die Stängel klein hacken und unter den Frischkäse mischen. Mit etwas Zitronensaft, Salz und Pfeffer abschmecken. Vier Scheiben Brot damit bestreichen, jeweils eine zweite Scheibe darauflegen.

Wer es richtig englisch haben will, schneidet die Rinde ab. Diagonal geschnitten sehen die Sandwichs aus wie italienische Tramezzini.

Sandwichs mit Eiersalat und Brunnenkresse

Egg Salat and Watercress Sandwiches

8 Scheiben Sandwichbrot
3 - 4 Eier
3 EL Mayonnaise
1 TL Senf
etwas Butter
Brunnenkresse

Die Eier hart kochen, schälen und würfeln, mit Mayonnaise und Senf vermischen. Vier Scheiben Brot dünn mit Butter bestreichen, mit Brunnenkresse belegen und 1 guten EL Eiersalat darauf verteilen. Jeweils eine zweite Scheibe Brot darauflegen, eventuell die Rinde abschneiden und diagonal teilen.

Gurkensandwichs

Cucumber Sandwiches

Bekannt aus Oscar Wildes Theaterstück »The Importance of Being Earnest«, in dem Algernon für seine Tante Augusta Gurkensandwichs zubereiten lässt und alle daran hindert, sie zu essen, um sie sich selber zu Gemüte zu führen.

8 Scheiben Sandwichbrot
½ Salatgurke
weiche Butter

Die Gurke dünn hobeln, salzen und in einem Sieb etwa 30 Minuten abtropfen lassen. Mit Küchenpapier trockentupfen. Alle Brotscheiben dünn mit Butter bestreichen. Die Hälfte mit Gurkenscheiben und der zweiten Scheibe Brot belegen. Die Rinde abschneiden – hier ein Muss – und zweimal diagonal durchschneiden, sodass je vier kleine Dreiecke entstehen.

Sandwichs mit Hefeextrakt
Marmite Sandwiches

Britischer geht's nicht. Angeblich ist Marmite für Briten im Ausland das, was für Deutsche auf Reisen das Vollkornbrot ist: das Lebensmittel, das sie am meisten vermissen. Bei Marmite handelt es sich um Hefeextrakt, ein Abfallprodukt der Brauereiwirtschaft. Bei uns kann man es im Reformhaus oder im Bioladen kaufen.

Marmite
Brot
Butter

Die möglichen Kombinationen sind ungezählt: Einig scheinen sich die Briten nur darin zu sein, dass unbedingt Butter aufs Brot gehört. Ansonsten schwören sie auf Beilagen wie:

Tomaten
Gurken
Erdnussmus
Speck
Bananen
Chips (Pommes frites)

Marmite Sandwiches lassen Raum für Experimente. Wer mehr Ideen braucht:
www.marmite.com.

Pickles

Engländer lieben sauer Eingelegtes – überall und immerzu.

Pickles für die Brotzeit

Pickle for Ploughman's Lunch

Ein typisches Rezept für Pickles, die man zu Ploughman's Lunch (Seite 159) verspeist

ergibt etwa 2 Liter

1 kleiner Blumenkohl
250 g Möhren
250 g Steckrübe
2 Äpfel
2 Zwiebeln
300 ml Apfelessig
225 g Vollrohrzucker
100 g Datteln
2 EL Tomatenmark
10 Gewürzgurken
4 EL Zitronensaft
5 Knoblauchzehen
1 TL geriebener Ingwer
1 TL Piment
1 EL Worcestershire-Sauce
1 Prise Gewürznelkenpulver
1 Prise gemahlener Zimt
1 Prise gemahlener Kardamom
1 EL Stärke

Alle Gemüse waschen, schälen und klein würfeln. Alle Zutaten bis auf die Stärke in einen großen Topf geben und zum Kochen bringen. Die Hitze reduzieren und anderthalb bis zwei Stunden köcheln.

Mit Salz und Pfeffer abschmecken. Gegen Ende der Kochzeit die Stärke in kaltem Wasser verrühren und zugeben. In sterile Gläser mit Schraubverschluss abfüllen und diese fest verschließen.

Eingelegte Schalotten
Pickled Shallots

500 g Meersalz
Schalotten
Malz- und Weißweinessig
8 Gewürznelken
10 Pimentkörner
2 Zimtstangen
8 weiße Pfefferkörner
10 schwarze Pfefferkörner
4 Lorbeerblätter
12 Korianderkörner
4 getrocknete Chilischoten

Aus 1½ l Wasser und Meersalz eine Lauge bereiten, die geschälten, aber unzerkleinerten Schalotten damit bedecken und eine Woche in den Kühlschrank stellen.
Anschließend die Lauge abgießen und die Schalotten gründlich abspülen. Eine Mischung aus gleichen Teilen Malz- und Weißweinessig erhitzen und die Gewürze darin zum Kochen bringen. Die Schalotten hineingeben, 5 Minuten köcheln.
In sterile Gläser abfüllen und kühl aufbewahren. Die Pickles halten sich so mindestens drei Wochen.

Eingelegter Rotkohl
Pickled Red Cabbage (Lancashire)

»Roher Rotkohl im Salat und eingelegter Rotkohl sind zwei Dinge, die ich verabscheue. Für diejenigen, die meine Meinung nicht teilen, hier zwei englische Rezepte…«, schreibt Jane Grigson, die große alte Dame der englischen Küche, in ihrem umfangreichen »Vegetable Book«. Die traditionelle Beilage zu Lancashire Hot Pot (Seite 105).

1 kg Rotkohl
50 g grobes Salz
400 ml Rotwein
600 ml Malzessig (ersatzweise Apfel- oder Weißweinessig)
5 Lorbeerblätter
3 Gewürznelken
1 TL schwarze Pfefferkörner
1 TL ganzer Piment
200 g Zucker

Den Rotkohl fein hobeln und mit dem Salz bestreuen. Durchmischen und über Nacht stehen lassen. Am nächsten Tag abgießen, den Kohl etwas trockentupfen und in Gläser füllen.
In einem Topf die restlichen Zutaten zum Kochen bringen und 15 Minuten köcheln. Über den Rotkohl geben, sodass der bedeckt ist. Abkühlen lassen und im Kühlschrank zwei Tage durchziehen lassen.
Hält sich ein paar Wochen, bevor er lasch wird, das heißt seine Frische verliert.

Sauer eingelegte Kirschen
Kentish Pickled Cherries (Kent)

1 kg Süßkirschen
500 g Zucker
½ TL gemahlenes Piment
1 Prise Muskatblüte
1 Prise gemahlener Zimt
300 ml Malz- oder Obstessig

Die Kirschen entsteinen, mit dem Zucker und den Gewürzen vermischen. In einen Topf geben, den Essig zugießen und aufkochen, 5 Minuten köcheln. Mit einem Schaumlöffel in vorbereitete Gläser füllen, den Essigsirup weiterkochen, bis er anfängt, dicklich zu werden. Über die Kirschen gießen.

Nachspeisen
Puddings

Rhabarberstreusel
Rhubarb Crumble (Nordengland)

Crumbles zählen zu den beliebtesten Nachspeisen der englischen Küche und werden mit den verschiedensten Früchten zubereitet: Reineclauden und Zwetschgen, überhaupt Pflaumen aller Art, Äpfeln und Birnen, Johannis- und Brombeeren, Aprikosen und Pfirsichen.
Rhubarb Crumble ist im Prinzip ein Obststreuselkuchen ohne Boden.

mindestens 2 Stunden vorher beginnen
für 6 Personen

etwa 1 kg Rhabarber (je nach Größe der Auflaufform)
Zucker (50 - 60 g auf 1 kg)

für die Streusel:
150 g Mehl
125 g Butter
75 g Zucker

Den Rhabarber schälen und in Stücke schneiden, einzuckern und mindestens zwei Stunden ziehen lassen. Den Saft, der sich bildet, abgießen und eventuell anderweitig verwenden.
Den Ofen auf 180° C vorheizen. Den Rhabarber in eine Auflaufform schichten.
Für die Streusel Mehl und Butter vermischen, den Zucker hineinkneten – die Mischung soll sich gut krümeln lassen, aber viel feuchter als Mürbeteig sein. Gleichmäßig über das Obst streuen und alles etwa 30 Minuten backen, dabei gelegentlich prüfen und eventuell ein Stückchen Streusel probieren.

Variante
Einen geschälten, in kleine Stücke geschnittenen Apfel unter den Rhabarber mengen.

Sommerlicher Beerenpudding
Summer Pudding (Südengland)

Eine klassische englische Nachspeise für den Sommer, wenn alle Beeren reif sind, eine Variante der roten Grütze.
Dass Toastbrotscheiben den Rahmen abgeben, sollte nicht abschrecken: Das vollgesogene Brot schmeckt köstlich. Der Pudding sollte über Nacht stehen, damit der Toast – am besten eignet sich übrigens Sandwichbrot aus dem Supermarkt – gründlich durchweichen kann.

am Vortag beginnen
für 8 Personen

200 g Zucker
8 - 10 Scheiben Sandwich- oder Toastbrot (genug, um eine Schüssel auszukleiden)
mindestens 1½ kg Beeren (unbedingt Himbeeren und schwarze Johannisbeeren, aber auch rote Johannisbeeren, Brom-, Blau- und Erdbeeren)

Den Zucker in etwas heißem Wasser auflösen. Die Brotscheiben entrinden und so zurechtschneiden, dass man Boden und Seiten einer Schüssel damit nahtlos auskleiden kann. Die Beeren einzeln nach Sorten kurz mit etwas Zucker aufkochen. Dann lagenweise in die Schüssel geben, mit einer Lage Brotscheiben abschließen. Über Nacht kühl stellen.

Stachelbeerpudding
Goosebeery Custard (Suffolk)

Der Vorläufer des Gooseberry Fool, eines beliebten Nachtischs, bei dem gekochte Stachelbeeren mit geschlagener Sahne vermischt und gekühlt werden. Dieser Custard ist ein wenig aufwendiger.

für 4 Personen

500 g Stachelbeeren
20 g Butter
1 TL Rosenwasser oder Zitronensaft
80 g Zucker
1 Ei
150 ml Sahne

Die Stachelbeeren mit wenig Wasser aufsetzen und weich kochen. Mit einer Gabel zerdrücken. Butter, Rosenwasser und Zucker hineinrühren, bis sich der Zucker aufgelöst hat.
Das Ei mit der Sahne verrühren, langsam zu den Beeren gießen und bei kleiner Hitze unter ständigem Rühren weiterköcheln, bis die Masse dicklich wird. In Portionsschalen füllen und im Kühlschrank kalt stellen.

Stachelbeertaschen
Gooseberry Turnover (Wales)

Diese Taschen werden mit Mürbeteig zubereitet und in der Pfanne gebraten.

für 4 Personen

180 g Mehl
90 g Butter

für die Füllung:
500 g Stachelbeeren
50 g Zucker oder mehr, je nach Geschmack
1 TL Holundersirup oder -likör

Das Mehl mit ½ TL Salz vermischen. Die Butter in kleine Stücke schneiden und einarbeiten. Wenig Wasser zugeben, sodass ein fester, glatter Teig entsteht. Kalt stellen.
Für die Füllung die Stachelbeeren mit Zucker und Holunder erhitzen und kurz kochen, wenn nötig, etwas Wasser zugeben.
Sobald sich der Teig rollen lässt, diesen ausrollen und Kreise von 7,5 cm Durchmesser ausstechen. 1 EL Stachelbeerkompott in die Mitte jedes Kreises geben, zusammenfalten und am Rand gut andrücken. In einer Pfanne braten. Vorsichtig wenden, da die Taschen leicht brechen.

Zitronenpudding
Lemon Curd (Derbyshire)

Wird nicht nur als Pudding gegessen, sondern auch als Toast- oder Scone-Aufstrich oder als Pie-Füllung verwendet.

für 4 Personen oder 1 Pie-Füllung

1 ungespritzte Zitrone (abgeriebene Schale und Saft)
1 Zitrone (Saft)
200 g Zucker
100 g Butter
3 Eier

Zitronensaft und -schale mit Zucker und Butter in einen Topf geben und bei kleiner Hitze verrühren, bis die Butter geschmolzen ist und der Zucker sich aufgelöst hat. Im Wasserbad warm halten, die Eier verschlagen und langsam einrühren. Gleichmäßig weiterrühren, bis die Masse anfängt, dick zu werden. In ein heiß ausgespültes Glas gießen und abkühlen lassen.

»Eton-Chaos«
»Eton Mess« (Berkshire)

Eton ist das berühmte Internat für Jungen im Alter von 13 bis 18 Jahren, das auch diverse Mitglieder der königlichen Familie sowie zahlreiche britische Premiers besucht haben. Das Dessert wurde dort »entwickelt«.

für 4 Personen

3 Eiweiß
100 g Zucker
500 g Erdbeeren
300 ml Sahne

Den Ofen auf 100° C vorheizen. Das Eiweiß halb steif schlagen, langsam den Zucker hineinrieseln lassen und dabei immer weiter schlagen, bis das Eiweiß fest ist. Ein Blech mit Backpapier auslegen. Gehäufte EL Eiweißmischung daraufsetzen und im Ofen etwa eine Stunde backen.
Während das Baiser abkühlt, die Erdbeeren waschen, den grünen Blütenansatz abzupfen und die Früchte halbieren. Die Sahne steif schlagen. Das Baiser zerbröseln. Alles miteinander vermischen und in Portionen aufteilen – auch wenn es »messy« aussieht, schmeckt es wunderbar.

Pudding aus Monmouth
Pwdin Mynwy / Monmouth Pudding (Wales)

für 6 Personen

700 g Brotkrümel (wenn sie zu trocken sind, über Nacht in Milch einweichen)
Milch (500 ml für trockenes, 300 ml für altbackenes Brot)
100 g zerlassene Butter
8 EL Zucker
1 Prise gemahlene Vanille
6 Eier
Himbeer- oder Erdbeermarmelade

Sind die Brotkrümel noch nicht eingeweicht, mit Milch übergießen und 10 bis 20 Minuten einweichen, bis sie gut durchfeuchtet sind.
Den Ofen auf 130° C vorheizen. Die Butter mit 6 EL Zucker und Vanille unter die Brotmasse rühren. Die Eier trennen. Die Eigelbe in die abgekühlte Brotmischung rühren. Das Eiweiß mit dem restlichen Zucker steif schlagen. Den Boden einer eingefetteten Auflaufform mit der Hälfte der Brotmischung bedecken und glatt streichen, die Hälfte der Marmelade darauf verteilen. Beide Schritte wiederholen und mit einer Schicht Eiweiß abschließen.
Im Ofen bei 160° C etwa 30 Minuten backen.

Brotpudding

Bread and Butter Pudding (Nordengland)

Ein klassisches englisches Dessert, preiswert und einfach in der Zubereitung

für 6 Personen

4 dicke Scheiben Weißbrot oder 2 Semmeln
Butter
50 g Sultaninen
3 Eier
600 ml Milch
30 g Zucker

Die Brotscheiben dick mit Butter bestreichen und so zurechtschneiden, dass man den Boden einer Auflaufform damit auskleiden kann. Die Sultaninen darüberstreuen. Die Eier verschlagen, Milch und Zucker einrühren. Über das Brot gießen und im Ofen bei 180° C 30 bis 40 Minuten backen.

Sherry Trifle

Das wahrscheinlich bekannteste englische Dessert: »Trifle« heißt Kleinigkeit. Ob es sich hierbei allerdings um eine solche handelt, möge jeder selbst entscheiden.

für 4 Personen

1 kleiner Sponge Cake (Seite 196)
Erdbeer- oder Himbeermarmelade
Sherry, je nach Geschmack sec, semi oder doux
Himbeeren
abgekühlter Vanillepudding
geschlagene Sahne
Mandelblättchen

Den Sponge Cake so zurechtschneiden, dass man den Boden einer Schüssel damit nahtlos auskleiden kann. Mit Marmelade bestreichen und in die Schüssel legen. Eine kräftige Portion Sherry darübergießen – der Kuchen soll nicht schwimmen, aber doch gut durchtränkt sein. Eine Lage frische (oder aufgetaute) Himbeeren darübergeben, dann eine Lage Vanillepudding. Die Oberfläche glatt streichen, die Sahne darauf verteilen und mit Mandelblättchen dekorieren. Gut durchziehen lassen.

Hat man den Trifle am Vortag zubereitet, sollte man ihn zwar im Kühlschrank aufbewahren, aber rechtzeitig herausnehmen, damit er vor dem Servieren Zimmertemperatur erreicht.

Weincreme
Syllabub

Syllabub ist ein Dessert, dessen Wurzeln ins 17. Jahrhundert zurückreichen. Ursprünglich molk man die Milch frisch von der Kuh direkt in ein Glas mit trübem Apfelsaft oder Ale und ließ es etwas stehen. Die Milch gerann, oben auf der Flüssigkeit bildete sich ein fester Schaum, darunter entstand Molke. Heutzutage handelt es sich bei Syllabub um eine Creme.

am Vortag beginnen
für 4 Personen

100 ml Weißwein oder Sherry
1 EL Weinbrand
1 ungespritzte Zitrone (abgeriebene Schale und Saft)
50 g Zucker
250 ml Sahne
Muskatnuss

Wein, Weinbrand, Zitronensaft und -schale mischen und über Nacht stehen lassen.
Am nächsten Tag abseihen. Den Zucker einrühren, bis er sich ganz aufgelöst hat. Die Sahne zugießen und etwas Muskat darüberreiben. Das Gemisch schlagen, bis es fest wird, aber weder zu kräftig noch zu lange, damit sich keine Butterklümpchen bilden. In Weingläser füllen und kühl stellen.

Ein gewisser Sir Kenelm Digby empfahl in seinem Buch »The Closet of the Eminently Learned Sir Kenelme Digbie«, das 1669 posthum von seinem Diener herausgegeben wurde, den Syllabub mit Rosmarinzweigen oder etwas Zitronenschale zu dekorieren.

Klassisches englisches Weihnachtsdessert
Christmas Pudding, Plum Pudding

Der Christmas Pudding ist die traditionelle Weihnachtsnachspeise, die spätestens Ende November am letzten Sonntag vor Advent (Stir-up Sunday) zubereitet wird. Je länger er zieht, desto besser. Er schmeckt auch ohne langes Ziehen, aber wer weiß, wie unvergesslich es nach dem Ziehen gewesen wäre… Allerdings kaufen heutzutage die meisten Engländer einen fertigen »Christmas Pudd« im Supermarkt.
Traditionell wird der Pudding mit Rindertalg zubereitet. Da dies aber in Deutschland keine leicht erhältliche Zutat ist (es sei denn, beim Fleischer), ist der Talg hier durch Butter ersetzt, was im Übrigen auch in Großbritannien eine der vegetarischen Alternativen ist. Ursprünglich mit Fleisch und Trockenfrüchten – wohl auch Backpflaumen, daher Plum Pudding – zubereitet, entwickelte er sich in eine vegetarische Richtung, bis nur noch der Rindertalg übrig blieb.
Und nicht zu vergessen die geheimen Zutaten, die mitgebacken wurden. Wer sie fand, wusste sein Schicksal zu deuten: Ein Geldstück brachte Reichtum, ein Ring den Ehehafen, ein Fingerhut allerdings ewige Jungfernschaft.
Bei der Zubereitung müssen alle Familienmitglieder der Reihe nach rühren, zuerst das jüngste, zuletzt das älteste.

4 Stunden vorher beginnen
für 10 Personen

75 g Mehl
75 g frische Weißbrotkrümel
½ TL gemahlener Zimt
½ TL geriebene Muskatnuss
¼ TL Piment
¼ TL Gewürznelkenpulver
50 g geriebene Mandeln
100 g brauner Zucker
100 g Butter
500 g Trockenfrüchte (traditionell eine Mischung aus Sultaninen, Rosinen, Korinthen, aber auch klein geschnittene Backpflaumen, Aprikosen, Kirschen etc.)
je 50 g Zitronat und Orangeat
3 Eier
1 Apfel
1 Möhre
1 ungespritzte Zitrone (abgeriebene Schale)
1 ungespritzte Orange (abgeriebene Schale)
*100 ml Weinbrand**

Eine Puddingform (1,5 l) einfetten. Das Mehl mit Brotkrümeln, Gewürzen und Mandeln vermischen. Zucker und Butter verrühren, die Mehlmischung zugeben und verkneten. Trockenfrüchte, Orangeat und Zitronat untermischen, die Eier hineinschlagen. Apfel und Möhre schälen und reiben, mit Zitronen- und Orangenschale beifügen, gut vermischen. Die Puddingform mit Butterbrotpapier oder Aluminiumfolie bedecken, mit einer Schnur fest verschließen und in einen Topf mit heißem Wasser stellen. Zugedeckt dreieinhalb Stunden dämpfen, das Wasser sollte dabei schwach köcheln. Immer wieder den Wasserstand kontrollieren, falls nötig, Wasser nachgießen.
Den Topf fest verpacken und an einem kühlen Ort (bis Weihnachten) aufbewahren.
Vor dem Servieren nochmals zwei Stunden dämpfen, dann stürzen. In einem Topf etwas Weinbrand erhitzen, anzünden und über den Pudding gießen.

* *Die englische Kochbuchautorin Nigella Lawson verwendet Wodka, der beim Hereintragen des Puddings länger brennt – das hat sie sich von Fanny Craddock abgeschaut, einer Fernsehköchin der 1950er Jahre.*

Brandy-Butter
Brandy Butter

Wird meist zum »Christmas Pud« serviert.

für 1 Christmas Pudding

75 g Zucker
1 Prise gemahlene Vanille
75 g weiche Butter
3 EL Weinbrand

Zucker und Vanille mit Butter verschlagen, bis die Masse cremig ist. Den Weinbrand löffelweise zugeben und einarbeiten. Bis zum Servieren in den Kühlschrank stellen. Zum Christmas Pudding reichen.

Variante
Rum-Butter erhält man, wenn man den Weinbrand durch dunklen Jamaikarum und den weißen durch braunen Zucker ersetzt.

Gebäck und Kuchen
Pastry and Cake

Würzmischung zum Backen
Mixed Spice

1 EL gemahlener Zimt
1 EL gemahlener Koriander
1 TL Piment
1 TL Gewürznelkenpulver
1 EL geriebene Muskatnuss
2 TL geriebener Ingwer

Wird in England wie Lebkuchengewürz für verschiedenes Gebäck, vor allem weihnachtliches, verwendet.

Die Gewürze in ein Glas geben und schütteln, bis alles vermischt ist.

Zwiebäcke
Suffolk Rusks

250 g Mehl
1 TL Backpulver
90 g Butter
1 Ei
Milch

Den Ofen auf 220° C vorheizen. Mehl, Backpulver und eine Prise Salz vermischen, die Butter in kleine Stücke schneiden und mit den Fingerspitzen einarbeiten. Das Ei verschlagen, die Milch zugießen und verrühren. Die Flüssigkeit zugeben und kneten, bis ein glatter Teig entsteht. 2,5 cm dick ausrollen und Kreise von etwa 6 cm Durchmesser ausstechen. Auf ein eingefettetes Blech legen und 10 Minuten backen.
Das Blech aus dem Ofen nehmen, die Hitze auf 175° C reduzieren. Die Teigkreise längs halbieren, mit der Schnittfläche nach oben zurück auf das Blech legen und weitere 10 bis 15 Minuten goldbraun backen.
Auf einem Gitter abkühlen lassen. Mit Butter und Konfitüre zum Tee servieren oder – herzhaft – mit Fischpaste (Seite 94) als Vorspeise.

Süße Hefebrötchen

Bath Buns (Avon and Somerset)

In Bath befinden sich die einzigen heißen Quellen Englands, was die Römer vor über 2000 Jahren veranlasste, dort sogleich Bäder zu errichten. Im Pump Room, dem ehemaligen Brunnenhaus, in dem sich heute ein Restaurant befindet, soll schon Horatio Nelson, seines Zeichens Admiral, Bath Buns verspeist haben.

mindestens 2 Stunden vorher beginnen
für 8 Stück

½ Würfel frische Hefe
175 g Zucker
2 Eier
150 - 175 ml lauwarme Milch
500 g Mehl
80 g Butter
50 g Zitronat
grober Zucker

Den Ofen auf 220° C vorheizen. Die Hefe zerkrümeln und mit 1 TL Zucker verrühren, bis sie flüssig wird.
Die Eier aufschlagen und leicht verquirlen, Milch und Hefe zugeben. Mehl, 75 g Zucker und eine Prise Salz vermischen, die Butter in kleine Stückchen schneiden und in das Mehl hineinreiben. Das Zitronat hinzufügen. Die flüssigen Zutaten zur Mehlmischung geben und daraus einen Teig rühren. In einer Schüssel an einem warmen Ort mindestens eine Stunde gehen lassen, bis er das doppelte Volumen erreicht hat.
Den Teig auf einer bemehlten Arbeitsfläche kneten, bis er glatt und geschmeidig ist. Acht Kugeln formen, etwas flach drücken und auf einem Blech nah nebeneinander platzieren, damit sie sich berühren, wenn sie beim Backen aufgehen. Weitere 30 Minuten gehen lassen, dann 15 bis 20 Minuten backen.
Aus 150 ml Wasser und dem restlichen Zucker einen Sirup kochen. Sobald die Buns aus dem Ofen kommen, sie damit bestreichen und mit grobem Zucker bestreuen. Zum Servieren voneinander trennen.

Scones (Yorkshire)

Scones bilden die klassische Beilage zum Cream Tea mit Clotted Cream und Erdbeer- oder Himbeerkonfitüre. Im Londoner Ritz, wo man sich für 35 Pfund rundum satt essen kann, gibt es zum Afternoon Tea neben Scones noch anderes Gebäck sowie Sandwichs mit Räucherlachs, Eiersalat und Kresse, Schinken, Geflügelsalat und Gurke mit Frischkäse. Reservierungen sollte man übrigens sechs Wochen im Voraus tätigen, und Herren werden gebeten, im Jackett und mit Krawatte zu erscheinen, Jeans und Turnschuhe sind nicht zugelassen.

für 4 Personen

300 g Mehl
2 TL Backpulver
100 g Butter
2 Eier
50 g Zucker
125 ml Milch

Mehl, Backpulver und eine Prise Salz vermischen, die Butter in kleine Stücke schneiden und mit den Fingerspitzen einarbeiten. Die Eier mit dem Zucker verschlagen, die Milch zugießen und verrühren. Die Flüssigkeit langsam unter die Mehlmischung rühren. Die Teigkugel auf einer bemehlten Fläche etwa 1 cm dick ausrollen und Kreise von 5 cm Größe ausstechen.
Bei 220° C 12 bis 15 Minuten backen.

Goldene Küchlein
Gold Cakes

Butter und Zucker schaumig rühren. Die Eigelbe verrühren, Mehl und Backpulver langsam zugeben und dann esslöffelweise unter die Butter-Zucker-Mischung heben. Zuletzt Saft und Orangenschale unterrühren.
Eine Muffinsform mit Papierbackförmchen bestücken und zu diese zu zwei Dritteln mit dem Teig füllen. 20 Minuten backen, dann testen, ob die Küchlein gar sind.

für 12 Stück

125 g Butter
80 - 100 g Zucker
5 Eigelb
125 g Mehl
1 TL Backpulver
3 EL Orangensaft
1 ungespritzte Orange (abgeriebene Schale)

Blätterteiggebäck
Eccles Cakes (Lancashire)

Eccles Cakes wurden erstmals anlässlich der Wakes Week in Eccles, Lancashire, gebacken. Die Wakes Weeks waren eine Art Kirmes, die überall in Lancashire bis in die sechziger Jahre des letzten Jahrhunderts gefeiert wurde, deren Ursprung jedoch im Dunkeln liegt – wahrscheinlich handelte es sich zunächst um Kirchengründungsjubiläen. Im 19. Jahrhundert wurden sie institutionalisiert, und im Lancashire »Cotton Belt«, wo die Baumwolle aus der Neuen Welt anlandete (Liverpool) und verarbeitet wurde, standen eine Woche lang die Baumwollspinnereien still, und die Geschäfte blieben geschlossen, während die Menschen ihre einzige Ferienwoche im Jahr genossen. 1877 wurden die Wakes vorübergehend verboten, weil sie zu Tumulten ausarteten.
Es gibt übrigens eine Mürbeteig- und eine Blätterteig-»Fraktion« …

1 Packung Blätterteig
30 g Butter
Zucker
125 g Korinthen
30 g Zitronat und Orangeat
½ TL Piment
½ TL geriebene Muskatnuss
1 Eiweiß

Den Teig ausrollen und Kreise von 12 bis 15 cm Durchmesser ausstechen. Butter und 50 g Zucker cremig rühren, Trockenfrüchte und Gewürze hineinmischen. 1 EL der Mischung auf jeden Kreis setzen, den Teig zusammenklappen, etwas festdrücken und umdrehen. Mit dem Nudelholz darüberrollen und in der Mitte parallel zwei Einschnitte machen. Auf ein eingefettetes Blech legen und im Ofen bei 220° C etwa 15 Minuten backen.
Das Eiweiß halb steif schlagen, die Küchlein damit bestreichen und mit Zucker bestreuen.

Karfreitagsküchlein
Hot Cross Buns

»Hot cross buns / hot cross buns / one a penny, two a penny / hot cross buns. / If you have no daughters / give them to your sons«, heißt es in einem englischen Kinderlied. Ein Hot Cross Bun ist ein süßes Brötchen, das in England traditionell am Karfreitag gegessen wird und in das vor dem Backen ein Kreuz geritzt wird. Da viele moderne Briten dem christlichen Glauben skeptisch gegenüberstehen und eher zu keltischen Traditionen tendieren, deuten sie die vier Enden des Kreuzes als Symbol für die Jahreszeiten.

für 16 Stück

20 g frische Hefe (½ Würfel)
50 g Zucker oder mehr, je nach Geschmack
500 g Mehl
½ TL gemahlener Zimt
1 Prise geriebene Muskatnuss und Piment, nach Geschmack
2 Eier
250 ml Milch
100 g Butter
75 g Rosinen oder Korinthen

Die Hefe mit 1 EL Zucker verrühren, bis sie sich aufgelöst hat. Das Mehl mit dem restlichem Zucker, wenig Salz und den Gewürzen vermischen. Die Eier verschlagen, die lauwarme Milch zugießen und weiterschlagen. Die Butter zerlassen und in die Milch geben, dann die Hefe einrühren. In die Mitte des Mehls eine Vertiefung drücken, etwas Flüssigkeit langsam angießen und dabei nach und nach mit dem Mehl verrühren. Mixen und kneten, bis ein glatter Teig entsteht, dann die Rosinen hineinkneten. An einem warmen Ort zugedeckt eine Stunde gehen lassen. Den Teig kurz kneten und in 16 gleich große Portionen teilen. Mit reichlich Abstand auf ein oder zwei Backbleche setzen und nochmals gehen lassen, bis sich ihre Größe verdoppelt hat. Ein Kreuz in die Oberfläche ritzen, mit etwas warmer Milch, in der Zucker aufgelöst wurde, bestreichen. Im Ofen bei 200° C 15 Minuten backen, dabei am besten eine feuerfeste Schüssel mit Wasser in den Ofen stellen.

Jakobsgebäck

Cacennau Iago / James Cakes, Aberffrau Cakes, Berffro Cakes, Shortbread Cakes (Anglesey, Wales)

Die Kekse wurden mit dem Abdruck der Schale einer Jakobsmuschel dekoriert, daher James Cakes (James ist die Übersetzung von Jakob). In beiden keltischen Ländern, Galizien und Wales, ist der Name derselbe.

75 g weiche Butter
100 g Mehl
1 Prise gemahlene Vanille
35 g Zucker

Die Butter mit dem Mehl und der Vanille vermischen. So dünn wie möglich ausrollen und runde Formen ausstechen. Ist eine Jakobsmuschel zur Hand (das Logo der Firma Shell), die Teigstücke mit einem Muschelabdruck versehen. Im Ofen bei 220° C schnell backen, nicht braun werden lassen.
Noch warm mit Zucker bestreuen.

Makronen

Macaroons

2 Eiweiß
¼ TL Weinstein oder Weinstein-Backpulver (Bioladen)
100 g Zucker
30 g gemahlene Mandeln
1 Prise gemahlene Vanille
250 g Kokosflocken
kleine runde Oblaten

Den Ofen auf 170° C vorheizen. Die Eiweiß mit einer Prise Salz schlagen, bis sie anfangen, steif zu werden. Den Weinstein zugeben und weiterschlagen, dabei langsam den Zucker hineinrieseln lassen, bis die Eiweiß gut steif sind. Mandeln, Vanille und Kokosflocken unterheben.
Den Teig auf die Oblaten setzen und im Ofen 20 Minuten backen.

Getupftes Brot
Bara Brith (Wales)

Bara Brith ist eine Art Nationalkuchen und wird traditionell zum 1. März, dem Nationalfeiertag der Waliser, zubereitet. Früchtekuchen sind auf den Britischen Inseln recht beliebt; die Besonderheit dieser Variante besteht darin, dass die Trockenfrüchte in Tee eingeweicht werden. Wie häufiger in Wales, gibt es einen Nord-Süd-Unterschied: Die national- und traditionsbewussten Nordwaliser verwenden Hefe, die Südwaliser dagegen Backpulver.

am Vortag beginnen
für 8 Personen

300 ml schwarzer Tee
75 g Rosinen
75 g Korinthen
75 g Zitronat und Orangeat
½ Würfel frische Hefe oder 1 TL Backpulver
50 g Zucker
450 g Mehl
1 TL Würzmischung (Seite 186)
75 g Butter
150 ml Milch

Den Tee zubereiten und die Trockenfrüchte über Nacht darin einweichen.
Am nächsten Tag die Hefe in 1 EL Zucker auflösen. Das Mehl mit ½ TL Salz, dem restlichen Zucker und den Gewürzen mischen. Die Butter in der warmen Milch auflösen. Die Flüssigkeit in das Mehl einarbeiten und kneten, bis der Teig angenehm geschmeidig ist. Die Früchte unterkneten und alles 45 Minuten gehen lassen.
In eine Brotform geben, nochmals gehen lassen und bei 160 bis 180° C Umluft etwa eine Stunde backen.
Wenn Sie Backpulver verwenden, geben Sie es direkt zum Mehl. Da der Teig keine Hefe enthält, entfällt das Gehenlassen.
Bara Brith werden mit gesalzener Butter gegessen.

Scherkuchen

Cacen Gneifo / Shearing Cake (Wales)

250 g Mehl
1 TL Backpulver
150 g Vollrohrzucker
2 TL ganzer Kümmel
½ ungespritzte Zitrone (abgeriebene Schale)
1 Prise geriebene Muskatnuss
125 g Butter
150 ml Milch
1 Ei

Ein Kuchen, der gebacken wurde, um die Scherer zu versorgen. Besonders in bergigen Gegenden halfen sich die Bauern in einer Art Rotationssystem gegenseitig, die Schafe zusammenzutreiben und zu scheren. Der »Gastgeber« war für die Verpflegung verantwortlich.

Die trockenen Zutaten miteinander vermischen. Die Butter hineinreiben, Milch und Ei unterrühren. In einer gefetteten Springform bei 180° C eine Stunde backen.

Dreschkuchen

Cacen Ddyrnu / Threshing Cake (Wales)

Auch beim Dreschen nach der Ernte mussten viele hungrige Mäuler gestopft werden. Dieser Kuchen wurde traditionell mit Fett von ausgelassenem Speck gebacken, was ihm einen außergewöhnlichen Geschmack verlieh. Natürlich kann der Speck durch anderes Fett ersetzt werden.

1 TL Natron
Buttermilch
2 - 3 Eier
500 g Mehl
225 g Fett von ausgelassenem Speck
225 g Zucker
500 g gemischte Trockenfrüchte (besonders Korinthen und Rosinen)

Das Natron in etwas Buttermilch auslösen, die Eier hineinschlagen. Langsam abwechselnd Mehl und Fett untermischen, dann Zucker, Trockenfrüchte und weitere Buttermilch zugeben, bis ein weicher Teig entsteht. Bei 180° C etwa anderthalb Stunden backen.

Feuchter Kuchen aus Wales
Teisen Lap

Dieser feuchte Kuchen, den die Bergleute mit in den Stollen nahmen, ist ideal für die Lunchbox: Er krümelt nicht und macht nicht durstig.

225 g Mehl
1 TL Backpulver
115 g Butter
50 g Korinthen
50 g Sultaninen
100 g brauner Zucker
2 Eier
150 ml Milch

Mehl und Backpulver vermischen, die Butter in kleine Stücke schneiden und mit den Fingerspitzen einarbeiten. Trockenfrüchte und braunen Zucker untermischen. Die Eier verschlagen, die Milch zugießen und verrühren. Die Flüssigkeit langsam unter die Mehlmischung rühren, bis ein weicher Teig entsteht.
Eine Springform (18 cm Durchmesser) einfetten, den Teig hineingeben und bei 180° C etwa 30 Minuten backen. Falls der Kuchen zu dunkel wird, abdecken und die Hitze reduzieren.
Schmeckt lauwarm am besten.

Biskuitkuchen
Victoria Sponge

In dem Film »Calendar Girls« veranstaltet das Womens' Institute alljährlich einen Wettbewerb, in dem es um den besten selbst gebackenen Victoria Sponge geht. Natürlich gewinnt ein »unrechtmäßig« eingereichter Kuchen von Marks & Spencer.
Der Kuchen bildet eine Grundlage für Trifle (Seite 180).

250 g Mehl
1½ TL Backpulver
225 g Butter
225 g Zucker
1 Prise gemahlene Vanille
4 Eier
4 EL Milch

Den Ofen auf 180° C vorheizen. Mehl und Backpulver miteinander vermischen. Butter und Zucker verrühren, bis eine cremige Masse entsteht. Die Vanille zugeben. Abwechselnd Eier und Mehl hinzufügen und verrühren. In eine Backform füllen und 20 bis 25 Minuten backen – dabei schrumpft der Kuchen ein wenig und löst sich vom Rand.

Variante
Für einen gefüllten Sponge Cake den Kuchen quer durchschneiden, die untere Schnittfläche mit Erdbeerkonfitüre bestreichen, mit Erdbeeren belegen und eine Lage steif geschlagene Sahne darauf verteilen. Das Oberteil wieder aufsetzen.

Tarte aus Bakewell
Bakewell Pudding (Derbyshire)

Der Bakewell Pudding ist eine Tarte und wird oft auch so genannt. Angeblich entstand er durch einen Irrtum, als zu Bakewell, einem Städtchen in der Grafschaft Derbyshire, im Pub »Rutland Arms« der Eierguss auf die Konfitüre statt auf den Teig gegeben wurde. Dem widerspricht allerdings die englische Kochbuchautorin Jane Grigson, die sich um die Erforschung regionaler Küchen verdient gemacht hat. Sie glaubt, dass der Bakewell Pudding nur deswegen als etwas Besonderes gilt, weil sein Guss durchsichtig ist, was bis ins 18. Jahrhundert hinein Mode war und sich nur in Bakewell über diese Zeit hinaus hielt.
Die traditionelle Form des Puddings ist oval. Man verwendet am besten eine Tarteform, ein herausnehmbarer Boden erleichtert das Aus-der-Form-Nehmen enorm.

125 g Blätterteig
Konfitüre (etwa Himbeer oder Erdbeer)
125 g Butter
5 Eigelb
1 Eiweiß
150 g Zucker

Den Ofen auf 180° C vorheizen. Eine Tarteform mit dem ausgerollten Blätterteig auslegen, eine Schicht Konfitüre darauf verstreichen.
In einem Topf im Wasserbad die Butter zerlassen. Den Topf vom Herd nehmen, Eigelbe, Eiweiß, Zucker und Butter gut verschlagen. Den Topf wieder ins Wasserbad setzen und so lange rühren, bis eine zähe, honigartige Masse entsteht. Auf die Tarte gießen und 35 bis 45 Minuten backen – dabei immer wieder prüfen, ob der Kuchen zu dunkel zu werden droht, und gegebenenfalls die Hitze etwas reduzieren.

Manchester-Pudding
Manchester Pudding

Ein Pudding, der als Kuchen im Ofen gebacken wird

300 ml Milch
1 ungespritzte Zitrone (abgeriebene Schale)
75 g frische Weißbrotwürfel
2 Eier
50 g weiche Butter
Zucker
3 EL Brandy
250 g Blätterteig
Konfitüre (etwa Erdbeer)

Den Ofen auf 170° C vorheizen. Die Milch mit Zitronenschale und Brotwürfeln aufkochen. Vom Herd nehmen. Eier, Butter, 50 g Zucker und Brandy verschlagen, unter die Milch rühren.

Eine Tarteform mit dem ausgerollten Blätterteig auslegen, eine Schicht Konfitüre darauf verstreichen, die Mischung darübergeben. Im Ofen etwa 40 Minuten backen, bis die Milch-Eier-Mischung stockt – mit einem spitzen Messer in den Guss stechen: Bleibt es sauber, ist der Pudding fertig.

Die noch warme Oberfläche mit Zucker bestreuen.

Gewürzkuchen
Parkin (Yorkshire)

Am 5. November 1605 wollte eine Gruppe Verschwörer um Guy Fawkes, die mehr Rechte für die katholische Bevölkerung forderte, während der jährlichen Eröffnungsfeier die Houses of Parliament samt anwesendem König, Prince of Wales und anderen Honoratioren in die Luft jagen. Sie wurden jedoch verraten – Guy Fawkes wurde im Keller des House of Lords mit 36 Fässern Schießpulver festgenommen und später hingerichtet. Überall im Land wurde gefeiert, dass der König dem Anschlag entgangen war, und Freudenfeuer wurden angezündet.
Heute ist die Bonfire Night in England die Nacht, in der gezündelt werden darf: Feuerwerk wird abgebrannt, und im Feuer verbrennt man Strohpuppen, die Guy Fawkes darstellen sollen. Allerdings ist bei all diesen Festivitäten nicht immer klar, ob das Überleben des Königs oder nicht doch der Mut der Verschwörer gefeiert wird …
Parkin wird traditionell in der Guy Fawkes Night am 5. November gegessen.

125 ml Rübensirup
125 g Butter
125 g Vollrohrzucker
175 g Mehl
175 g Hafergrütze
1 TL Natron
2 TL geriebener Ingwer
1 Ei
125 ml Milch

Sirup, Butter und Zucker bei schwacher Hitze schmelzen und verrühren. Vom Herd nehmen. Alle trockenen Zutaten vermengen, den Butter-Zucker-Sirup untermischen. Das Ei in der Milch aufschlagen und zugeben. In eine Kuchenform gießen und bei 180° C etwa eine Stunde backen, bis er fest ist.
Den Kuchen am besten in Folie wickeln und ein paar Tage reifen lassen, bevor man ihn anschneidet.

Rossendale Sad Cake (Lancashire)

In den zwanziger Jahren des letzten Jahrhunderts setzte in Lancashire der Niedergang der Baumwollindustrie ein, bis in den sechziger und siebziger Jahren fast wöchentlich eine Spinnerei schloss. Heute ist nichts mehr übrig vom Glanz jener Epoche. Ob allerdings der einfache Kuchen aus dem Bezirk Rossendale am Irwell, einer der wichtigsten Wasserstraßen für die industrielle Revolution, seinen Namen – Sad Cake, mitunter auch Desolate Cake, bedeutet »trauriger« oder »verzweifelter Kuchen« – diesen Umständen verdankt, ist zweifelhaft. Dafür verantwortlich ist wohl eher die Tatsache, dass die Kuchen beim Backen stark aufgehen, dann jedoch in sich zusammenfallen.

500 g Mehl
250 g Butter
50 g Korinthen
50 g Zucker

Mehl und eine Prise Salz vermischen, die Butter in kleine Stücke schneiden und mit den Fingerspitzen einarbeiten. Korinthen und Zucker untermischen. Langsam Wasser unter die Mehlmischung rühren, bis ein weicher Teig entsteht. Zu einem großen Kreis ausrollen, auf ein eingefettetes Blech legen und bei 200° C 20 bis 25 Minuten backen.
Noch leicht warm mit Butter bestrichen servieren.

Kümmelkuchen
Seed Cake

Ein süßer Kuchen mit Kümmel – die außergewöhnliche Kombination lässt auf seine mittelalterliche Herkunft schließen.

175 g Mehl
½ TL Backpulver
115 g Butter
100 g Zucker
3 Eier
Milch
50 g gemahlene Mandeln
50 g Zitronat und Orangeat
2 TL ganzer Kümmel

Mehl und Backpulver vermengen. Butter und Zucker verrühren, bis die Masse cremig ist. Abwechselnd Eier und Mehl hinzufügen, bis alles vermengt ist. Mit einem Schuss Milch etwas lockern, dann die restlichen Zutaten hinzufügen. In eine ausgebutterte Springform (24 cm Durchmesser) geben und bei 160° C etwa 30 Minuten backen.
Noch warm mit Butter bestrichen servieren.

Simnel Cake (Lancashire)

Der Name dieses Früchtekuchens geht zurück auf das lateinische »siminellus«, ein Brot, das im Frühling während der römischen Fruchtbarkeitsriten gegessen wurde. In England bekamen junge Mädchen, die in Stellung waren, am vierten Sonntag der Fastenzeit, dem Mothering Day, frei, um ihre Familien zu besuchen, und erhielten von ihrer Herrschaft diesen Kuchen als Geschenk. Heute wird der Simnel Cake mit Ostern assoziiert.
Der Früchtekuchen ähnelt einem Christmas Cake, nur dass er mit Marzipankugeln dekoriert wird, und zwar für jeden Apostel eine: entweder mit 11 Stück (ohne den abtrünnigen Judas) oder mit 13 (hier wird Jesus mitgezählt).

100 g Butter
100 g brauner Zucker
3 Eier
150 g Mehl
½ TL Würzmischung (Seite 186)
350 g gemischte Trockenfrüchte
50 g Zitronat und Orangeat
1 ungespritzte Zitrone (abgeriebene Schale und Saft)
Aprikosenkonfitüre
50 g Marzipanmasse
Marzipankugeln
1 Eiweiß

Den Ofen auf 150° C vorheizen. Butter und Zucker cremig rühren, die Eier nacheinander hineinschlagen und verrühren. Mehl, Gewürze, Trockenfrüchte, Zitronenschale und -saft unterrühren. In eine Springform (18 cm Durchmesser) füllen und eine gute Stunde backen.
Abkühlen lassen. Die Konfitüre auf dem Kuchen verstreichen. Die Marzipanmasse ausrollen und den Kuchen damit bedecken. Die Marzipankugeln dekorativ anordnen. Den Kuchen mit Eiweiß bestreichen und im Ofen weitere 10 bis 15 Minuten backen, bis er leicht bräunlich wird.

Variante
Wer die Gewürze nicht so schätzt, kann auf sie verzichten. Der Kuchen schmeckt dann weniger feierlich, aber trotzdem sehr gut.

Traditioneller Weihnachtskuchen
Christmas Cake

Trockenfrüchte, Zitronat und Orangeat mit Sherry übergießen und einige Stunden ziehen lassen.
Mehl, Backpulver, Gewürze, eine Prise Salz und Mandeln miteinander vermischen. Die Kirschen halbieren.
Butter und Zucker schaumig rühren, die Eier einzeln hineinschlagen, Zitronenschale hinzufügen. Die Hälfte der Mehl- und der Trockenfrüchtemischung zugeben und vermengen. Den Rest der beiden Mischungen sowie die halbierten Kirschen beifügen und erneut vermengen. Bei 150° etwa zweieinhalb Stunden backen.

mehrere Stunden vorher beginnen

500 g Rosinen, Sultaninen und Korinthen
je 100 g Zitronat und Orangeat
100 ml Sherry, Rum oder Weinbrand
250 g Mehl
1 TL Backpulver
¼ TL Würzmischung (Seite 186)
150 g gemahlene Mandeln
100 g glasierte Kirschen
200 g Butter
200 g brauner Zucker
4 Eier
1 ungespritzte Zitrone (abgeriebene Schale)

Zuckerguss
Icing

Alle Zutaten mit einer Prise Salz so lange schlagen, bis ein weicher Schaum entsteht – wenn man den Schneebesen aus der Mischung hebt, sollte der Schaum Spitzen formen, die kurz stehen bleiben.
Den abgekühlten Kuchen mit dem Zuckerguss bestreichen.
Der Christmas Cake wird in England mit Stechpalmenblättern, Weihnachtsmännern, Schneemännern, Rentieren und Schriftzügen wie »Merry Christmas« dekoriert.

400 g Puderzucker
4 Eiweiß
½ Zitrone (Saft)

Mince Pies

Das Wort »mince« wird in England so gebraucht wie im Deutschen das Wort »Hack«, doch handelt es sich nicht (mehr) um Fleisch, sondern um eine Trockenfrüchtemischung. Diese wurde früher in kleine bootsförmige Tartes gefüllt und gebacken, was an die Krippe im Stall zu Bethlehem erinnern sollte. Hier ein Rezept ohne den traditionellen Rindertalg, der in England auch heute noch oft verwendet wird.

240 g Mehl
60 g Palmfett
60 g Butter
1 Orange (Saft)

für die Füllung (ausreichend für die doppelte Menge Teig):
125 g brauner Zucker
125 ml naturtrüber Apfelsaft
500 g Äpfel
¼ TL Würzmischung (Seite 186)
¼ TL gemahlener Zimt
125 g Korinthen
125 g Rosinen
30 g glasierte Kirschen
40 g blanchierte Mandeln, fein gehackt
½ ungespritzte Zitrone (abgeriebene Schale und Saft)
50 ml Weinbrand oder Rum

Mehl und eine Prise Salz vermischen, Fett und Butter in kleine Stücke schneiden und mit den Fingerspitzen einarbeiten. Den Orangensaft langsam unter die Mehlmischung rühren, bis sich der Teig gut ausrollen lässt – eventuell durch Wasser ergänzen.
Für die Füllung den Zucker bei schwacher Hitze in Apfelsaft auflösen. Die Äpfel schälen, entkernen und klein schneiden. Alle Zutaten bis auf den Alkohol in die Flüssigkeit geben und 30 Minuten köcheln, bis alles etwas breiig ist. Abkühlen lassen und den Alkohol unterrühren.
Den Teig ausrollen, Kreise ausstechen und kleine Tarteförmchen (5 cm Durchmesser) damit auslegen. 1 guten TL Füllung hineingeben, mit einer zweiten Teigscheibe bedecken und an den Rändern zusammendrücken. In die Mitte ein kleines Loch bohren.
Im Ofen bei 200° 15 Minuten backen, bis der Teig eine leicht braune Farbe angenommen hat.

Getränke
Drinks

Pink Gin

Ein englischer Freund arbeitete in den 1970er Jahren als Lehrer in einem abgelegenen Dorf in Tansania. Es gab zwar meistens Wasser, doch nur die Schule besaß einen Generator zur Stromerzeugung. Kontakte zum Rest der Welt waren eher selten. Eines Abends bemerkte jener Freund eine Staubwolke am Horizont, die sich dem Dorf näherte. Allmählich wurden Umrisse eines weißen Landrovers erkennbar. Der Wagen hielt, und aus stiegen ein Mann und eine Frau, beide im schönsten britischen Tropenoutfit. Der Gentleman stellte sich als der neue Leiter des British Council in Tansania vor, der in Begleitung seiner Frau britischen Entwicklungshelfern einen Antrittsbesuch abstatte. Höflichkeit gebot, dass mein Freund das Paar zum Essen einlud, zu einem frugalen Mahl aus Bohnen und Mais. Die Vertreter des Empires nahmen höflich entzückt an und schlugen vor, als Aperitif einen Pink Gin zu sich zu nehmen. Mein Freund bedauerte, solchen Luxus habe er leider nicht zu bieten. Doch die Diener Ihrer Majestät winkten ab, das solle er getrost ihnen überlassen. Sie gingen zum Auto und kamen mit einer Kühltasche zurück, der sie Gin, Angostura und Eis sowie die passenden Gläser entnahmen, und mixten die Cocktails.
So viel zur Upperclass des britischen Empire, in dem die Sonne nie untergeht (wobei böse Zungen an dieser Stelle hinzufügen: Nicht einmal Gott traue den Briten im Dunkeln ...). Sogar im Busch darf ein standesgemäßer Aperitif nicht fehlen.

2 Spritzer Angostura-Bitter
3-4 Eiswürfel
1 Schuss Gin

In ein Glas 2 Spritzer Angostura geben und das Glas etwas schwenken, damit sich die Tropfen verteilen. Die Eiswürfel zugeben und mit einem Schuss Gin auffüllen.

Champagner Cocktail
Buck's Fizz

Der Buck's Club wurde nach dem Ersten Weltkrieg in London gegründet und vor allem durch seine Cocktailbar im amerikanischen Stil bekannt. 1921 kreierte Barman McGarry den bekanntesten Cocktail des Clubs, den Buck's Fizz.

Saft und Grenadine in ein Weinglas geben, verrühren und mit Champagner auffüllen.

50 ml Orangensaft
1 TL Grenadinesirup
125 ml Champagner oder Sekt

Heißer Apfelpunsch
Wassail Cider Bowl (Somerset)

»Wassailing« fand meist in der 12. Nacht nach Weihnachten statt. Menschen zogen – manchmal verkleidet – singend von Haus zu Haus und sammelten Gaben ein. In Gegenden mit vielen Apfelgärten wie etwa Somerset begab man sich in jener Nacht zu seinen Apfelbäumen, um sie für das kommende Jahr zu segnen. Dabei trank man heißen, gewürzten Cider aus einem besonderen Kelch, dem »Wassail Bowl«.

Den Apfelsaft mit den Gewürzen erhitzen, dann den Brandy hinzugeben.
In der kinder- und der autofahrerfreundlichen Version wird der Alkohol weggelassen.

1 l naturtrüber Apfelsaft oder Cidre
1 Zimtstange
1 Prise Piment
1 Schuss Branntwein oder Calvados

Schlehengin
Sloe Gin

Fruchtwein selber zu machen hat eine lange Tradition in England. Bis vor ein paar Jahren gab es bei Boots – dem »Schlecker« Großbritanniens – alles, was dazu nötig war. Verarbeitet werden neben Obst auch Blumen und Gemüse. Allerdings muss man inzwischen sein Equipment online ordern. Einfacher ist die Herstellung von aromatisiertem Gin.

frische Schlehen
Zucker
Gin

Eine Flasche zu einem Drittel mit Schlehen füllen, ein weiteres Drittel mit Zucker auffüllen und gut durchschütteln. Die Flasche mit Gin füllen, verkorken und nochmals schütteln.
Der Sloe Gin wird besser, je länger er steht, zwischendurch sollte die Flasche gelegentlich geschüttelt werden. Frühestens nach etwa drei Monaten verwenden und vor dem Servieren durch ein Sieb gießen.

Gewürztee
Spiced Tea

England wird im Winter eher kühl und feucht als eisig und verschneit. Trotzdem – oder gerade deswegen – tut ein warmer Gewürztee gut.

1½ l Wasser mit Nelken und Zimt zum Kochen bringen. Den Topf vom Herd nehmen, den Tee hineingeben und 5 Minuten ziehen lassen, dann abgießen. Orangen- und Zitronensaft etwas erwärmen und zum Tee gießen. Nach Belieben mit Zucker oder Honig süßen.

1 TL Gewürznelken
½ Zimtstange
2 EL schwarzer Tee
75 ml Orangensaft
½ Zitrone (Saft)
Zucker oder Honig nach Geschmack

Holunderblütensirup
Elderberry Syrup

Den Zucker in 500 ml kochendem Wasser auflösen. Über die Blüten gießen, die bedeckt sein müssen. 24 Stunden ziehen lassen.
Am nächsten Tag abgießen. Die Blüten entsorgen, den Sirup kurz aufkochen und in sterile Flaschen abfüllen. Am besten gekühlt aufbewahren.
Schmeckt mit Sprudel oder Sekt.

am Vortag beginnen

500 g Zucker
600 - 700 g Holunderblüten

Zitroniger Gerstentrank
Lemon Barley Water

Wird seit Jahrhunderten gerne in England getrunken.

50 g Perlgraupen
½ ungespritzte Zitrone (abgeriebene Schale und Saft)
1 EL Zucker

Die Perlgraupen mit Wasser bedecken und zum Kochen bringen. Abgießen und die Graupen unter kaltem Wasser abspülen.
½ l Wasser aufsetzen, Graupen und Zitronenschale hineingeben, aufkochen und eine Stunde köcheln.
Abgießen, Zucker und Zitronensaft hinzufügen und kalt servieren.

Warmes Gewürzbier
Mulled Ale

Neben dem Mulled Wine, der unserem Glühwein entspricht, wird in England gewürztes Bier getrunken. Asterix und Obelix, die sich in »Asterix bei den Briten« über die lauwarme Cervesa beschwerten, wären hierüber wohl auch nicht sehr glücklich gewesen.

1 l Pale Ale oder ein anderes helles Bier
2 Gewürznelken
1 Prise geriebener Ingwer
1 Prise gemahlener Piment
1 Zimtstange
100 ml Branntwein
1 EL Vollrohrzucker

Das Bier mit den Gewürzen langsam erhitzen, aber nicht kochen. Vom Herd nehmen, Branntwein und Zucker hinzufügen. Warm trinken.

Bibliografie

Aslani, Marilyn: Harrods Cookery Book, London 1985
Bailey, Adrian: Die Küche der britischen Inseln, Reinbek 1969
Baker, Jenny: Kettle Broth to Gooseberry Fool, London 1996
Baldock, Dorothy: Favourite Suffolk Recipes, Sevenoaks o.J.
Beeton, Isabella: Mrs. Beeton's Book of Household Management, in der Reihe Oxford's World Classics, Oxford 2000
Black, Maggie (Hg.): A Taste of History, London 1993
Brown, Michele: Royal Recipes, London 1977
The Cambridge History of Food, Band I und II
Carey, Diane, und Judy Large: Festivals, Family and Food, Lansdown, Stroud 1982
Charlton, Carol: The Organic Café Cookbook, London 1999
Conran, Caroline: Good Home Cooking, London 1985
Craig, Elizabeth: Court Favorites, London 1953
The Creative Hostess: Bath Cookbook, London 1981
The Creative Hostess: Heart of the Cotswolds Cookbook, London 1982
David, Elizabeth: Spices, Salt and Aromatics in the English Kitchen, London 2000
Davidson, Alan: The Oxford Companion to Food, Oxford 1999
Davies, Gilli: Lamb, Leeks and Laverbread, London 1989
Duff, Julie: Cakes, Regional and Traditional, London 2003
Edington, Sarah: The National Trust Book of Healthy Eating, London 1990
Ellis, Hattie: Eating England, London 2001
Grigson, Jane: English Food, London 1974

Grigson, Jane: Observer Guide to British Cookery, London 1984
Grigson, Jane: Vegetable Book, London 1978
Hartley, Dorothy: Food in England, London 1954
Henderson, Fergus: Nose to Tail Eating, London 1999
Hertel, Heidi: Zu Gast in englischen Country Hotels, Köln 1995
Lawson, Nigella: How to eat, London 1999
Patton, Marguerite: A Century of British Cooking, London 1999
Patton, Marguerite: Jubilee Dishes, London 2002
Persey, Amanda: Favourite Yorkshire Recipes, Sevenoaks o.J.
Smith, Delia: Winter Collection, London 1995
Spencer, Colin, und Claire Clifton (Hg.): The Faber Book of Food, London 1993
Spencer, Colin: British Food, London 2002
Wall, Ann: Favourite Peak District Recipes, Sevenoaks o.J.
Welsh Recipes, Cardiff o.J.
Welsh Welcome, Cardiff 1963
Wilson, C. Anne (Hg.): Traditional Country House Cooking, London 1993
Wilson, C. Anne (Hg.): Traditional Food East and West of the Pennines, Edinburgh 1991
Wright, Jeni: The St. Michael's Cookery Book, London 1976

Websites

All British Food: www.allbritishfood.com
Gourmet Britain: www.gourmetbritain.com
The Great British Kitchen: www.greatbritishkitchen.co.uk
TimeTravel-Britain: www.timetravel-britain.com

Rezeptregister

Stichwortregister

Die *kursiven* Seitenangaben verweisen auf Texte, die den Begriff erläutern, die übrigen auf Rezepte, in denen diese Zutat eine wichtige Rolle spielt.